密文数据共享与隐私计算技术研究

刘泽超　吴宇琳　著

哈尔滨工程大学出版社
Harbin Engineering University Press

内 容 简 介

本书阐述了数字经济时代密文数据共享和多方数据安全合作计算的重要意义，对密文策略属性基加密和安全多方计算技术进行重点介绍，对著者在该领域所设计提出的相关密码安全协议进行详细说明。本书具体内容包括具有时空约束策略的属性基加密、支持属性撤销及策略更新的属性基加密、抗量子攻击的多授权机构属性基加密、基于混合协议的安全两方计算及基于混合协议的安全多方计算。

本书研究成果在数据安全开放与共享方面具有重要理论意义和实际应用价值。

图书在版编目(CIP)数据

密文数据共享与隐私计算技术研究/刘泽超，吴宇琳著. —哈尔滨：哈尔滨工程大学出版社，2023.4
ISBN 978-7-5661-3888-0

Ⅰ. ①密… Ⅱ. ①刘… ②吴… Ⅲ. ①数据共享-加密技术-研究 Ⅳ. ①G253②TN918.4

中国国家版本馆 CIP 数据核字(2023)第 051420 号

密文数据共享与隐私计算技术研究
MIWEN SHUJU GONGXIANG YU YINSI JISUAN JISHU YANJIU

选题策划 刘凯元
责任编辑 李 暖
封面设计 李海波

出版发行 哈尔滨工程大学出版社
社　　址 哈尔滨市南岗区南通大街 145 号
邮政编码 150001
发行电话 0451-82519328
传　　真 0451-82519699
经　　销 新华书店
印　　刷 哈尔滨午阳印刷有限公司
开　　本 787 mm×960 mm 1/16
印　　张 8.75
字　　数 178 千字
版　　次 2023 年 4 月第 1 版
印　　次 2023 年 4 月第 1 次印刷
定　　价 48.00 元
http://www.hrbeupress.com
E-mail:heupress@hrbeu.edu.cn

前　　言

随着云计算和大数据的快速发展，云服务器因具有强大的计算和存储能力吸引着越来越多的企业和个人选择将数据保存到云端。然而云环境下用户数据的外包存储，将导致数据所有权、管理权和使用权的分离。在云服务提供商并非完全可信的情况下，如何保证用户数据的隐私安全成为急需解决的重要问题。此外，数据作为新一代生产要素，只有流动与共享才能更为充分地发挥其价值，寻求跨企业、行业、领域的多方数据合作计算，已成为时代发展的刚性需求。密码学作为信息安全的核心技术，在实现数据安全共享与隐私计算领域发挥着重要作用。

本书重点围绕密文策略属性基加密和安全多方计算技术展开研究。首先，针对共享数据对访问时间和访问位置敏感的策略需求，设计提出具有时空约束策略的属性基加密方案，为有效降低终端用户的解密开销，进一步提出了支持外包解密的扩展方案。其次，针对访问控制系统中用户属性和访问策略的频繁变化问题，设计提出了支持属性撤销和策略更新的属性基加密方案，该方案可实现对用户访问权限及密文控制策略的及时更新，保证了共享数据的前向安全性和后向安全性。再次，为有效应对后量子时代密码方案所面临的量子攻击问题，设计提出了理想格上支持布尔属性/多值属性的多授权机构属性基加密方案。借助于理想格上多项式环元素的系数向量，所提方案可一次加密多比特消息。然后，为解决恶意模型下安全两方计算在执行复杂计算任务时效率较低以及先前工作依赖于随机预言机假设的问题，设计提出了基于混合协议的安全两方计算通用框架。最后，为解决恶意模型下安全多方计算协议效率较低、依赖于随机预言机假设以及所支持份额转换种类较少问题，设计提出了恶意模型下基于混合协议的安全多方计算通用框架，该工作为实现复杂计算任务的高效安全多方计算提供了坚实的理论依据与参考。

本书的完成要感谢导师和学长的关心与指导，感谢哈尔滨工程大学计算机科学与技术学院梁涛、孙若尘在撰写过程中的帮助与支持，感谢家人的理解与鼓励，感谢哈尔滨工程大学出版社编辑为本书出版付出的辛勤劳动。

由于著者水平有限，书中难免有错误和不当之处，诚恳地希望各位专家和读者给予批评指正。

著　者

2023 年 1 月

目　　录

第1章　绪　　论

1.1　引　　言

在数字经济时代，数据作为新发展格局下的新型生产要素，同土地、劳动力、资本和技术这四个传统生产要素一样，已经充分参与到社会生产生活的各项环节。伴随着大数据和人工智能等新兴技术的快速发展与应用，通过对海量数据执行更为复杂的计算任务，数据的潜在价值得以充分挖掘。对企业而言，只有率先在海量数据中洞察未来发展趋势，才有可能在市场竞争中崭露头角。对国家而言，只有充分认识到数据的重要价值，把握数字经济发展的重要历史机遇，才能在新一轮信息革命中实现对先进国家的追赶和超越。

近年来各类数据泄露和数据滥用等数据安全事件层出不穷。2020 年，新浪微博因用户查询接口被恶意调用，导致 5.38 亿用户的个人信息被发布在暗网上公开销售。2019 年，微软因安全规则的错误配置，导致 2.5 亿条用户记录数据被泄露。2018 年，Facebook 公司约 8 700 万用户数据被剑桥分析公司获取，该公司通过建立数据模型预测并影响政治活动中的公众选择。同年，英国航空公司因对第三方提供的脚本缺乏安全审查措施，导致约 50 万客户的个人信息和支付数据泄露。2017 年，由于数据库未及时安装 Apache Struts 框架的重要漏洞补丁，信用评级公司 Equifax 公司泄露了近 1.5 亿用户的个人和财务数据。这是美国历史上最为严重的数据安全事件，该事件泄露了美国近一半人口的个人高度敏感数据。

为此，各国政府出台了一系列相关法律，对数据安全提出了更为严格的要求。2018 年，欧洲联盟（以下简称欧盟）正式颁布并实施的《通用数据保护条例》，是欧盟最具代表性的数据安全法律。同年，美国加州正式发布《加州消费者隐私保护法案》，被称为美国最严厉和最全面的个人隐私保护法案。自 2016 年至今，中国出台了《中华人民共和国网络安全法》《中华人民共和国民法典》《中华人民共和国数据安全法》三部涉及数据安全的基本法律。虽然,法律法规的出台有效打击了数据泄露与滥用等恶意行为,但也提高了数据开放与共享的成本。Facebook 公司因“剑桥分析事件”被美国联邦贸易委员会罚款 50 亿美元。Equifax 公司因 2017 年的数据泄露事件,向美国联邦贸易委员会、消费者金融保护局等机构累计赔偿至少 5.75 亿美元。英国航空公司和万豪国际集团分别因各自 2018 年的数据泄露事件,被欧盟以违反《通用数据保护条例》为由,处罚 2.3 亿和 1.24 亿美元。上述事件不仅给相关企业带来了严重的经济损失,还引发了公众对其数据安全保障能力的质疑,造成了巨大的社会影响。

数据外包存储将导致数据的所有权、管理权和使用权互相分离。一方面,数据拥有者由于数据资源被远程托管而失去了对数据的完全可控,无法像传统信息系统那样通过物理安全边界防护等技术手段来保障数据的安全;另一方面,外包服务商因经济利益等因素可能做出侵犯用户数据隐私的行为,如非法访问用户数据用于机器学习、大数据分析,数据删除时额外保留数据副本,未经同意将用户数据转让给第三方等。出于对数据垄断利益或潜在泄露风险的考虑,企业变得越来越不愿意将其所拥有的数据进行开放与共享,导致了越发严峻的“数据孤岛”问题。这使得数据难以充分释放其自身的潜在价值,严重阻碍了数据对经济发展的促进作用。因此,如何在不泄露各自数据的前提下实现数据的安全共享,成为当前各行各业亟待解决的重要问题。

密码学作为信息安全的重要基石,为了保护外包数据的隐私安全,最直接有效的方式是将数据加密后以密文形式存储。将属性基加密(attribute - based encryption, ABE)技术应用到数据外包存储中,将密文数据信息按需提供给合法接收方使用,实现对共享密文数据的细粒度访问控制,成为近年来学术界的研究热点。在属性基加密机制里,访问策略和私钥均与用户属性有关。数据拥有者可自身制定访问策略并根据该策略对数据进行加密;当密文数据被上传到云服务器后,只有私钥属性满足访问策略的用户才能成功解密数据。属性基加密的技术优势包括:(1)除了保证数据机密性,还可对数据提供细粒度的访问控制;(2)数据的授权访问策略是由数据拥有者决定的,而不依赖于外包服务提供商;(3)数据拥有者在加密数据时不需要事先知道接收者的身份,可根据用户属性制定访问策略,使得策略更加灵活;(4)对数据加密一次即可实现一对多的密文共享。而采用传统的公钥证书加密或身份基加密,如果将数据共享给多个用户,则需对同一数据加密多次。故属性基加密技术在实现密文数据共享方面独具优势。

安全多方计算(secure multi - party computation,SMC)起源于图灵奖获得者、中

国科学院院士姚期智教授于1982年提出的百万富翁问题，即两个百万富翁想知道他们谁更富有，但却不能向对方泄露自己的资产数额。具体来讲，安全多方计算是指在分布式计算环境下，存在 n 个互不信任的参与方，他们希望能够在不泄露各自秘密输入数据的情况下合作完成某个计算任务，并要求在计算结束后，每个参与方只能接收到正确的输出结果，而不能获得其他参与方输入数据的任何信息。在安全多方计算领域，通用协议凭借其独特的通用性已成为当前该领域中的研究热点。安全多方计算通用协议的通用性是指该协议可以实现任意可计算函数的安全多方计算。由于计算机底层参与运算的数和能执行的运算指令都是由0,1组成的二进制串，并且只支持一些非常基础的布尔和算术逻辑运算。因此，为了使计算机可以完成任意可计算函数的计算，需要将该函数转化成与之对应的布尔或者算术电路。由于任意可计算函数都存在一个与之等价的电路，因此对该电路中所需的电路门（如异或门、与门等）相应安全多方计算协议进行设计，就可以实现整个电路的安全多方计算，继而完成对任意可计算函数的安全多方计算。

现有安全多方计算通用协议可划分为半诚实模型下的通用协议和恶意模型下的通用协议。相比于半诚实模型下的半诚实攻击者，恶意模型下的恶意攻击者则可以凭借任意方式破坏协议的规则，企图打破该安全多方计算通用协议所能提供的各项安全性保障，如隐私性和正确性。因而，与半诚实模型下安全多方计算通用协议的构造相比，恶意模型下安全多方计算通用协议的构造更为复杂，研究难度也更大。近四十年来，随着安全多方计算技术的迅速发展，恶意模型下安全多方计算通用协议的应用已经从简单计算任务的安全计算（如私有数据集的交集计算）发展到复杂计算任务的安全计算（如隐私保护机器学习）。这是更复杂、更大规模的计算面临更为严格的隐私保护要求时的必然趋势，但也对通用协议的效率提出了更高要求。

本书以在恶意模型下实现任意计算任务的高效安全多方计算为研究目标，解决恶意模型下多方数据的安全合作计算问题，有效推动数据的安全开放与共享。

1.2 属性基加密技术研究现状

属性基加密[1]的概念最早由 Sahai 和 Waters 提出，也称为模糊身份基加密，主要基于生物特征的容错匹配进行身份识别。在该方案中，首次将用户身份用属性集进行描述。2006 年,Goyal 等[2]根据密钥/密文与策略的关系,将 ABE 进一步划分为密钥策略属性基加密(key policy attribute - based encryption, KP - ABE)和密文策略属性基加密(ciphertext policy attribute - based encryption, CP - ABE)两种类型。在 KP - ABE 方案中,密文与属性集有关,用户私钥与策略有关。只有当密文属性满足用户私钥中的访问结构时,这些密文才会被用户成功解密,因此 KP - ABE 比较适用于广播加密中的目标搜索等应用场景。与之相反的是,在 CP - ABE 方案中,密文与访问策略有关,用户私钥则与属性集有关。只有用户属性满足密文中的访问策略时,用户才有权限成功解密数据。由于 CP - ABE 中的访问策略是由数据拥有者制定的,因此该类方案更加适用于外包存储中对数据的权限访问控制。本书以密文策略属性基加密作为研究对象,接下来将详细阐述该技术的研究现状。

(一)CP - ABE 的功能性研究

2007 年,Bethencourt 等[3]首次提出基于访问树结构的 CP - ABE 方案。在该方案中,访问策略由访问树表示。其中树的叶子节点代表用户属性,非叶子节点代表“与”“或”和门限逻辑。整个访问树所表示的各叶子节点(代表各个属性)间的逻辑关系即为加密时的访问策略。同年,Ostrovsky 等[4]提出了支持非单调访问结构的 CP - ABE 方案,但该方案仅能支持(t,n)门限策略。2011 年,Waters 提出了基于线性秘密共享方案(linear secret sharing scheme, LSSS)用于表达通用访问结构的 CP - ABE 方案。2012 年,Lai 等[5]提出了支持表达能力更强的 LSSS 访问结构且可部分隐藏访问结构的 CP - ABE 方案。在该方案中,属性包括属性名和属性值两部分。如果用户属性不满足密文中的访问结构,则访问结构中的特定属性值对该用户是隐藏的。2014 年,Yang 和 Jia[6]基于素数阶群构造了支持属性撤销功能的多授权机构 CP - ABE 方案,该方案支持 LSSS 访问结构。2015 年,Han 等[7]提出了可保护用户身份的多授权机构 CP - ABE 方案。2017 年,Hong 等[8]构建了基于带时间陷门的访问策略树的 CP - ABE 方案。同年,Khan 等[9]利用隐藏向量加密技术实现了对访问结构的全隐藏。2018 年,Li 等[10]基于多线性映射构造了支持属性撤销和外包解密功能的多授权机构 CP - ABE 方案。针对访问策略更新问题,Liang 等[11]基于代理重加密机制构建了支持单调访问结构策略更新的CP - ABE 方案。2021 年,Li 等[20]在访问策略中引入权重属性,并通过离线/在线加密和外包解密技术来解决终端设备计算资源受限问题。

(二)CP - ABE 的安全性研究

可证明安全是指用数学方法对密码算法的安全性给出严格证明,从而使算法安全性具有完整的理论基础。核心思想是将密码算法的安全性规约到某个公认的数学困难问题。如果攻击者能够攻破该算法,则可利用攻击者的攻击能力成功解决算法所基于的困难问题。可证明安全已成为当前评估 CP - ABE 方案安全性的重要工具。此外,由于目前大多数 CP - ABE 方案所基于的困难问题在量子攻击下是不安全的,格密码体制因抗量子攻击以及运算速度快等优点成为后量子时代备受关注的研究热点。

2012 年,Agrawal 等[12]基于格上的带错误学习(learning with errors,LWE)困难问题构建了抗量子攻击的模糊身份基加密方案。同年,Zhang 等[13]基于 LWE 首次提出了格上的支持门限策略的 CP - ABE 方案。2014 年,Wang[14]提出了在标准模型下支持多值属性“与”门访问结构的 CP - ABE 方案。尽管 LWE 构造的方案结构简单、安全性高,但其存在公钥长度大和密文扩展率高的缺陷。Zhu 等[15]第一次提出了基于 R - LWE 困难问题的 CP - ABE 方案。2016 年,Rahman 等[16]首次提出了基于 R - LWE 困难问题的多授权机构 CP - ABE 方案。然而,经过进一步分析,该方案同样不满足选择文明攻击(CPA)安全。2017 年,Chen 等[17]提出了基于理想格的单授权机构 CP - ABE 方案。2019 年,Agrawal 等[65]提出了支持大规模属性集的 KP - ABE 格基方案,该方案基于 LWE 假设和非确定性有限自动机。2021 年,Datta 等[66]提出了基于 LWE 假设的多授权机构 CP - ABE 方案,其访问策略由析取范式(DNF)进行描述。

1.3 安全多方计算技术研究现状

安全多方计算可以被抽象地理解为将一个秘密输入序列映射到一个输出序列的随机过程。如果参与方数量为 n,则安全多方计算是实现函数 $f:(0,1^*)^n \to (0,1^*)^n$ 的安全计算。具体而言,假设 n 个参与方分别为 $P_1,P_2,\cdots,P_n$,它们各自的秘密输入分别为 $x_1,x_2,\cdots,x_n$,则安全多方计算可将序列 $\bar{x}=x_1,x_2,\cdots,x_n$ 映射为序列 $f(\bar{x})=\{f_1(x_1),f_2(x_2),\cdots,f_n(x_n)\}$,使得每个参与方 P_i 均可正确得到 $f(\bar{x})$ 的第 i 个分量 $f_i(\bar{x})$,且不泄露自己的秘密输入 x_i 给其他参与方,其中 $i\in[1,n]$。

安全多方计算为了解决多个互不信任的参与方利用各自所持有的秘密输入进行约定函数的安全计算问题,通常需要具备下列安全性质。

隐私性:参与方均不能得到除自己输入输出之外更多的信息。

正确性:参与方均可得到约定函数的正确计算结果。

输入独立性:参与方各自的秘密输入是相互独立的。

公平性:如果有一个参与方获得了输出,那么其他所有参与方都应获得各自的输出。

一般地,一个安全多方计算协议在参与方提供各自的秘密输入后,需确保各参与方输入的隐私性和计算结果的正确性。而随着安全多方计算技术的发展,除了上述四条性质外,根据所构造协议面向的不同应用场景,安全多方计算协议往往还需提供其他安全性质。

按照参与方数量可将安全多方计算分为安全两方计算、安全三方计算……安全 n 方计算。其中,安全两方计算是安全多方计算的一个特殊实例,而安全多方计算则可看作对安全两方计算的扩展与延伸。由于两个参与方的情况比较简单明了,讨论起来较为方便,因而安全多方计算的研究通常以安全两方计算为突破口,即先研究如何构造支持两个参与方的安全两方计算协议,然后再将该安全两方计算协议扩展为支持多个参与方的安全多方计算协议。

按照不同的安全模型,安全多方计算可分为半诚实模型下的安全多方计算和恶意模型下的安全多方计算。半诚实模型下的安全多方计算是攻击者控制半诚实参与方按照协议的规则进行操作,但试图从协议的交互信息中得到其他参与方输入的信息。由于半诚实模型中攻击者行为简单,因而构造相关安全多方计算协议也较为简单。恶意模型下的安全多方计算是攻击者控制恶意参与方以任意方式破坏协议规则,即可执行包括篡改中间通信消息和中断协议等操作。由于恶意模型中攻击者行为难控且复杂,因而构造恶意模型下的安全多方计算协议难度较大。

(一)恶意模型下的安全多方计算通用协议

自从 Yao[21] 在 1982 年引入安全多方计算的概念以来,已经有大量研究致力于构造恶意模型下的安全多方计算通用协议。在半诚实模型下,攻击者遵循安全多方计算协议的规则,试图通过检查计算过程中的交互记录得到更多超出允许范围的信息。与半诚实模型下的攻击者不同,恶意模型下的攻击者可以任意偏离协议的规则,破坏安全多方计算通用协议的安全性。由此可见,恶意攻击者比半诚实攻击者的行为更为复杂,也更难以应对。这使得构造恶意模型下的安全多方计算通用协议比半诚实模型下的安全多方计算通用协议的难度更大,也更具有挑战性。为了构造安全多方计算通用协议以抵抗恶意攻击者,现有的研究工作大体上可以分为以下四个典型范式。

(1)基于 GMW 编译器的范式：Goldreich 等[23]利用零知识证明技术研制了一款编译器。该编译器可将任意半诚实安全的安全多方计算通用协议转化为在恶意模型中安全的对应协议。该工作防止恶意攻击者恶意操作的主要方法是在整个协议执行的过程中检查所传输的零知识证明证据是否有效。但是，该编译器在实际使用过程中效率太低，这是由于 GMW 编译器要求以非黑盒的方式使用半诚实 MPC 协议，也就是说，各参与方需要将半诚实 MPC 协议的 next - message 函数转换成电路，以完成对函数 statement 的零知识证明。

(2)基于 Cut - and - Choose 技术的范式：Cut - and - Choose 技术是将 Yao 的安全两方计算协议[24]从半诚实安全提升为恶意安全的重要技术之一。这种范式的主要思想是在协议中使得一个参与方针对某条消息构造足够多的副本，而另一个参与方随机选择并检查该消息所有副本中的一个子集，如果所选子集中的副本都通过验证，则另一个参与方相信剩余副本是大概率正确的，并在后续协议执行过程中使用剩余副本完成电路评估的计算任务。当前，基于此范式的协议主要可分为两类：一类是电路级别的协议，主要针对整个待计算电路构造数量足够多的副本，如工作；另一类是门级别的协议，主要针对待计算电路中的逻辑门构造数量足够多的副本，如工作。对于电路级别的协议而言，为了实现恶意攻击者最多以 2^{-s} 的概率攻击成功安全目标，协议通常需要构建和传输至少 s 个混淆电路。此外，通过引进摊销模式(amortized setting)，即同一待计算函数用不同的输入评估多次。当对同一待计算函数评估 t 次时，这样协议整个执行过程中就只需构造 n 个混淆电路。虽然，门级别的协议的在线时间开销很小，且在理论上有很好的性能表现，但此类协议需要额外考虑将每个独立生成的逻辑门连接在一起的开销。

(3)基于消息认证码技术的范式：该范式的主要思想是利用消息认证码技术对协议中需要交互的信息生成对应的消息认证码，并在协议执行过程中检查所有消息认证码的有效性，以防范恶意攻击者的恶意行为。基于此范式的协议主要有两类：一类是基于 BDOZ 的安全多方计算协议；另一类是基于 SPDZ 的安全多方计算协议。然而，基于 BDOZ 的安全多方计算协议要求每一个参与方都需要存储另一个参与方的消息认证码，这使得每一个参与方的消息认证码存储空间与参与方数量呈线性相关。相比之下，基于 SPDZ 的协议只需要为每一个参与方提供固定的存储空间，它的大小与参与方数量无关。

(4)基于同态承诺技术的范式：与上述将对需要交互的消息生成消息认证码不同，此范式通过利用同态承诺技术对消息生成承诺，以防范恶意攻击者的恶意行为。值得注意的是,基于所选择用于构建安全多方计算协议的同态承诺技术,此类协议不再依赖于随机预言机假设,也不局限于指定的数域。Damgard 等[33]首先借助 Cut - and - Choose 思想,利用加法同态承诺技术构建了恶意模型下的安全多方计算通用协议。然而,为了所有参与方均可生成随机承诺,工作[33]需要执行大量与乘法门数量呈线性相关的公钥加密操作。随后,Frederiksen 等通过仅在 OT 扩展中使用公钥操作,将构造协议所需公钥加密操作的数量减少到与安全参数相近的程度。此外,工作[34]支持在任意有限域上的操作,扩展了之前工作[33]所支持的大型算术域。

最近,一些恶意模型下的安全多方计算工作,使用了不同于上述四类范式的方法来抵抗恶意攻击者,并在性能上得到了一定程度的提升。但这些工作仅支持在恶意模型中大多数参与方是诚实的情况下保障协议的安全性。Mohassel 等[35]提出了只支持一个恶意参与方存在的恶意模型下的安全三方计算协议。该工作保障混淆电路正确生成的主要思想:首先,将三个参与方中的两方设置为电路生成方,另一个参与方设置为电路评估方。因为协议只允许一个恶意参与方存在,所以两个电路生成方中的一方总是诚实的。其次,让两个电路生成方基于同一随机种子分别生成对应的混淆电路,并将其发送给电路评估方。这样,电路评估方就可以通过对比所接收到的两个电路是否一致,从而发现恶意参与方生成错误混淆电路的恶意行为。之后,为了支持更多数量参与方,Chandran 等[36]利用分布式混淆方法生成混淆电路。该工作通过引入新的密码学原语 attested OT,设计了一个具体的承诺方案。并在此基础上,构建了只允许两个恶意参与方存在的恶意模型下的安全五方计算协议,该协议还可扩展到 n 个参与方且最多支持 $t \approx \sqrt{n}$ 个恶意参与方存在。

从现有恶意模型下支持 n 个参与方的安全多方计算通用协议研究工作来看,基于 GMW 编译器的范式由于依赖高开销的零知识证明技术以抵抗恶意参与方的恶意行为,因而效率很低。而基于 Cut - and - Choose 技术的范式,由于需要生成、传输和验证足够数量的混淆电路以保证计算的隐私性和正确性,因而此类协议的计算和通信开销较大,且应用的范围有局限性。而基于消息认证码技术的范式,凭借消息认证码技术的加法/异或同态性质,实现了加法门/异或门的快速本地计算。但由于各个参与方对每个乘法门都需要一次交互以获得相应的计算信息,这使得其计算和通信开销与电路深度呈线性相关。

(二)安全多方计算通用协议的效率提升方法

通过将多个不同安全计算技术相结合,分别利用每个技术对不同计算任务的优势来实现整体计算任务的高效安全计算,这种简单的技术混合思路最初被广泛应用于实现同态加密技术和混淆电路技术的结合,以完成对特定计算任务的高效安全计算。为了完成对任意计算任务的高效安全计算,提升安全两方计算通用协议的效率,Kolesnikov 等[37]基于当时构造安全两方计算通用协议的两大主流技术(即同态加密和混淆电路),从理论上提出了一个用于完成安全两方计算的高效混合协议框架。随后,Henecka 等[38]提出了 TASTY 工具,可将计算任务转换为用 TASTYL 语言编写的基于同态加密的安全两方计算协议、基于混淆电路的安全两方计算协议,或者这两类协议的混合协议。然而,先前工作中所生成的混合协议中每个子协议的选择都是人为手动选择的,而工作[39]基于扩展的性能模型提出了一个自动化协议选择方案。近年来,随着密码学的快速发展,越来越多的密码学技术被用于构造安全多方计算通用协议。因此,为更好地利用现有不同安全多方计算通用协议的优势,可依据构造协议所使用的不同秘密份额具体划分为基于算术秘密份额的安全多方计算通用协议、基于布尔秘密份额的安全多方计算通用协议,以及基于 Yao 秘密份额的安全多方计算通用协议。基于此,为了提升安全多方计算通用协议的效率,Demmler 等[40]首次实现了三类秘密份额中任意两者之间的相互转换,提出了半诚实模型下基于混合协议的安全两方计算通用框架——ABY 框架,并将此框架应用于私有集合交集计算、生物特征安全匹配和安全模幂运算,证明了利用该框架比使用单一安全两方计算通用协议完成对应计算任务的效率更优。

随后,为了进一步实现机器学习中复杂计算任务的高效安全多方计算,许多工作利用混合协议方法构建了相应的安全多方计算通用框架:Riazi 等[41]通过引入一个半诚实的第三方,将 ABY 框架扩展到服务器辅助的计算环境下,从而提升了该半诚实框架的效率。与工作[40]相比,它生成基于算术秘密份额乘法元组的通信开销降低了 321 倍,而生成基于布尔秘密份额乘法元组的通信开销降低了 256 倍。它还将此工作应用于实现深度神经网络和卷积神经网络的安全计算,与微软的 CryptoNets[42]相比,它的效率提升了 133 倍。为了增加参与方的数量,并将基于混合协议的通用框架的安全性从半诚实模型下安全提升至恶意模型下安全,Mohassel 等[43]利用复制秘密共享(replicated secret sharing)技术提出了恶意模型下基于混合协议的安全三方计算通用框架,但仅在半诚实模型下实现了线性回归、逻辑回归和神经网络的安全计算。Byali 等[44]利用镜像秘密共享技术提出了恶意模型下的安全四方计算通用框架，并支持可保证的输出交付性。Chaudhari 等[45]提出了一个恶意模型下基于混合协议的安全四方计算通用框架，通过增加一个诚实的参与方并遵循工作[46]掩码评估的思想，将工作[43]中秘密份额转换协议在线阶段的吞吐量提升了 $2-2\kappa/3$ 倍，其中 κ 是计算安全参数。

为提升恶意模型下支持 n 个参与方的安全多方计算通用协议的效率，Damgard 等[47]提出了恶意模型下支持布尔秘密份额与算术秘密份额之间相互转换的两个秘密份额转换协议，并在不诚实参与方占大多数的情况下构造了机器学习算法中所需要的相等性检测、比较和截断操作在模 2^k 整数环上对应的安全计算协议，提升了安全计算决策树和支持向量机的效率。Rotaru 等[48]提出了恶意模型下支持算术秘密份额与 Yao 秘密份额之间相互转换的两个秘密份额转换协议，完成了利用混合协议方法实现任意复杂计算任务在不诚实大多数情况下的安全多方计算，通过将其应用于支持向量机的安全计算，证明了使用混合协议方法与单独使用基于 Yao 秘密份额的安全多方计算协议相比与门数量缩小到原来的百分之一。

1.4　主要研究内容

为了保证在数据外包环境下用户数据的机密性和细粒度的访问权限控制，本书重点介绍了密文策略属性基加密和安全多方计算相关技术。在密文数据共享方面，针对属性基加密中访问策略的时空约束问题、用户访问权限动态管理问题，以及后量子时代抗量子攻击安全问题分别设计提出相应的技术方案。在隐私计算技术方面，以实现任意计算任务的高效安全多方计算为目标，在恶意模型下设计提出了基于混合协议的安全两方及多方计算通用框架。本书针对上述问题开展相应研究工作，主要内容如下。

(1)设计提出具有时空约束策略的属性基加密方案。在传统的访问控制模型中，访问时间和地点通常是两个很重要的约束条件。而在密文策略属性基加密方案中，访问策略仅由用户自身的属性所决定。针对数据机密性对访问时间和访问地点敏感的数据访问控制系统，本书提出了一种高效的具有时空约束策略的 CP－ABE 方案。相较于将时空因素看作用户的固有属性，所提方案通过将时空属性做特殊处理，可有效解决用户因时空变化导致的访问权限变更问题。该方案既能对用户提供细粒度的权限访问控制,还能兼顾访问时间和空间的约束条件。首先,设计一种新型的访问树结构,用于表达带有时间约束和空间约束的访问策略。其次,采用多维范围衍生函数来匹配访问控制策略中的时间范围,并通过代理重加密机制保证用户的访问权限与当前访问时间密切关联。此外,为了降低终端解密用户的计算负载,本书还在此基础上提出支持外包解密功能的扩展方案。

(2)设计提出支持属性撤销及策略更新的属性基加密方案。在属性基加密方案中,通过用户属性与访问策略的匹配关系来决定用户是否被授权访问机密数据。然而,无论用户属性变更或访问策略变更,均可能导致用户对数据访问权限的变化。为了保证数据的前向安全性和后向安全性,合法用户的访问权限需要及时更新,故如何构建支持动态权限管理的 CP - ABE 方案也是本书的研究重点。用户属性变更通常包括属性的添加、修改或撤销。当用户被赋予一个新属性时,通过密钥授权机构为该用户颁发一个新的属性密钥,即可实现对用户访问权限的扩展。当用户某一属性被修改时,则可看作用户的该属性被撤销后并被赋予一个新的属性。因此属性撤销问题成了处理用户属性变更的焦点和难点,原因在于被撤销用户手中仍拥有撤销前的属性密钥。此外,数据拥有者根据先前指定的访问策略进行加密并外包存储密文数据后,如果希望其数据按照新的策略被授权访问时,如何在密文数据下高效实现策略更新也是本书所提方案解决的问题。

(3)设计提出理想格上的抗量子攻击多授权机构属性基加密方案。随着量子计算技术的快速发展,近几年部分学者开始研究抗量子攻击的公钥加密方案。而目前大多数 CP - ABE 方案均构建在椭圆曲线双线性群上,其在量子攻击下是不安全的。为应对量子计算能力对现行 CP - ABE 方案构成的安全威胁,本书基于后量子密码体制进行了一些探索,提出了两种基于理想格的多授权机构 CP - ABE 方案,分别支持布尔属性和多值属性。首先,利用理想格上的陷门生成算法来产生系统的公钥和主密钥;其次,构造理想格上的原像抽样算法为布尔属性生成属性密钥;再次,构造理想格上的左抽样算法并利用满秩差分编码函数来为多值属性生成属性密钥。方案的安全性可规约到环上的带错误学习困难假设。相较于基于标准格的加密方案每次仅能加密单比特消息,本书基于理想格所构造的方案因一次加密 n 比特消息,具有更优的性能。

(4)设计提出基于混合协议的安全两方计算通用框架。针对现有恶意模型下安全两方计算通用协议在执行复杂计算任务(如机器学习算法)时,因用同一类型电路对计算任务进行表达形成的电路复杂度高,所导致的使用单一安全两方计算通用协议对该任务进行计算时效率不高的问题,以及现有工作依赖于随机预言机假设的问题，本书提出了基于混合协议的安全两方计算通用框架。首先，通过利用两方同态承诺技术，设计了一个恶意模型下的新型密码学工具——可承诺的不经意线性函数评估，实现了两个参与方在恶意模型下对任意一元一阶线性函数的安全计算。其次，利用该工具分别构造了两个恶意模型下支持两类秘密份额之间相互转换的秘密份额转换协议，并进一步构建了基于混合协议的安全两方计算通用框架。此项工作不仅摆脱了先前工作对随机预言机假设的依赖，实现了恶意模型下的安全性，还提供了一个恶意模型下的新型密码学工具——可承诺的不经意线性函数评估，为今后构造恶意模型下不依赖于随机预言机假设的其他安全计算协议提供了新思路。

（5）设计提出基于混合协议的安全多方计算通用框架。针对现有恶意模型下的安全多方计算通用协议在实现可抵抗最多 $n-1$ 个恶意参与方的安全目标时，对由复杂计算任务使用可抵抗最多 $n-1$ 个恶意参与方的单一安全多方计算通用协议所导致的效率不高问题，以及现有基于混合协议的安全多方计算协议依赖于随机预言机假设和所支持的秘密份额转换种类较少的问题，本书提出了基于混合协议的安全多方计算通用框架。首先，利用多方同态承诺技术，分别构造了 6 个恶意模型下的秘密份额转换协议，以全面支持现有的三类秘密份额中任意两者之间在恶意模型下的相互转换。并以此为基础，构造了基于混合协议的安全多方计算通用框架。此项工作不仅摆脱了先前工作对随机预言机假设依赖，实现了恶意模型下的安全性，还构造了 6 个秘密份额的转换协议，解决了恶意模型下三类安全多方计算通用协议之间的相互转换问题。此项工作所涵盖的内容，为实现复杂计算任务的高效安全多方计算提供了坚实的理论依据与有价值的参考。

第2章 具有时空约束策略的属性基加密

2.1 引　　言

在面向云存储的数据安全访问控制中，CP－ABE 因能提供细粒度的访问控制能力而备受关注。细粒度性体现在数据拥有者在发布共享数据前，可根据访问用户的属性制定访问策略，并根据该策略加密数据。访问用户能否成功解密，取决于其属性是否满足密文中的访问策略。由此可见，CP－ABE 中访问控制的权限依赖于用户属性和访问策略间的匹配关系。然而，现有 CP－ABE 方案中的访问策略通常仅考虑了用户属性，而忽视了一些重要的外界因素，如访问时间和访问空间的约束。众所周知，在传统的基于角色的权限访问控制（role－based access control，RBAC）模型基础上，通过对 RBAC 中各要素进行时间和空间的约束，可以产生具有时空约束的 RBAC 模型。新模型适用于对时间和空间要求高的安全系统，使用户访问控制权限不仅受时间约束，还受空间区域限制。还受此模型的启发，本章提出具有时空约束策略的 CP－ABE 方案。

在具有时空约束的访问策略中，用户的解密权限不仅取决于其用户属性，还受访问数据时的时间和空间的影响。时空约束策略适用于现实生活中的很多场景。例如，在某公司的机密项目中，相关数据文档被加密存储到远端云服务器上。公司普通员工仅允许在上班时间段且位于公司保密室内才有权限解密文档，而项目经理则可以在更宽泛的时间段或更多的地点访问这些文档。如何在访问策略中引入时空约束成为当前急需解决的重要问题。一种最朴素的方法是将时间和空间（位置信息）视为两个普通的用户属性，这样便可以将时空条件无缝嵌入 CP－ABE 的访问策略中。然而时间属性和位置属性都不像一般用户属性（如性别、年龄）那样具有一定的静态特性，因此，若将当前时间和用户位置看作静态的用户属性，那么随着时间的迁移以及用户位置的移动会导致用户属性不断发生变化。为了确保用户的数据访问权限,用户属性地不断变更需要被频繁赋予新的用户私钥。另外当密文中的访问策略没有发生变化,用户因时空属性不再满足原有策略时,如何保证此用户无法使用旧密钥解密原来的密文又将是一个新的挑战。显然,将时空属性当作一般用户属性进行处理,并非理想的选择。

值得注意的是,大多数 CP - ABE 方案中的属性通常被看作离散的个体,而访问控制中的时间约束条件却往往需设置成某一段时间(如允许访问数据的时间段为"8:30 < time < 17:30")。因此,所设计的 CP - ABE 方案需要能够处理访问策略中包含取值为范围空间的可比较属性。假定 CP - ABE 方案中的访问策略带有时间约束"8:30 < time < 17:30",而当前用户的访问时间为 time = 9:02。如果采用传统的属性"等值比较"进行策略匹配,将导致该用户的访问时间无法满足时间约束策略。解决该问题的朴素方法是,将密文策略中的时间范围属性表示成一群离散时间点的集合(即将 8:30 < time < 17:30 表示成"time = 8:31" ∨ "time = 8:32" ∨ … ∨ "time = 17:50")。虽然该方法能解决时间属性的策略匹配,但不足之处在于密文策略中的时间属性个数与时间取值范围成正比增长,且加密时的计算开销也与时间范围同比线性增长。尽管采用 Bethencourt 等[3]提出的用于整数比较的策略树可以优化访问策略中时间范围属性的表达,但缺陷在于此方法仍不能处理用户私钥中的时间范围属性。若为用户提供大量的时间属性密钥,同样会导致巨大的存储开销和计算开销。

针对上述问题,本章首先提出一种新型的访问树结构,用于表示带有时空约束的访问策略。具体地讲,在传统的访问策略树基础上新增时间约束和空间约束的陷门信息。通过在算法设计中对时空属性做特殊处理,可有效解决因时间和空间频繁变化导致的用户访问权限变更头问题。针对可比较范围属性,本章借助多维范围衍生函数来高效处理时间约束中的策略匹配问题,并利用代理重加密机制将用户获取的密文数据与访问时间有机结合起来。针对空间区域约束,访问用户会根据解密数据时所处的位置来获得相应的令牌,从而有效地处理访问策略中的位置陷门信息。在具有时空约束策略的 CP - ABE 方案基础上,本章还进一步提出了支持外包解密的扩展方案,旨在降低终端用户的解密计算开销。

2.2 理论知识

2.2.1 模为 RSA 合数的双线性群

定义 2.1 （合数阶双线性群系统）令 p,q,s_1,s_2,p',q'均为大素数，并且满足条件 $p+1=2s_1p'$和 $q+1=2s_2q'$。其中 $N=pq$ 为公开的 RSA 模数，$s'=s_1s_2$，$n'=p'q'\mid n$和 $n=s'n'=s_1s_2p'q'\mid \mathrm{lcm}(p+1,q+1)$为秘密参数。$\mathbb{G}$ 和 $\mathbb{G}_T$ 是阶数为 n 的两个循环群。$e:\mathbb{G}\times\mathbb{G}\rightarrow\mathbb{G}_T$ 表示一个满足如下条件的双线性映射：

- 双线性，对于任意的 $a,b\in\mathbb{Z}$ 和 $g,h\in\mathbb{G}$，等式 $e(g^a,h^b)=e(g,h)^{ab}$成立；
- 非退化性，如果 g 和 h 为群 $\mathbb{G}$ 的生成元，那么 $e(g,h)\neq 1$；
- 可计算性，对于任意的 $g,h\in\mathbb{G}$，存在有效算法可计算得到 $e(g,h)$。

则 $S_N=\{N=pq,\mathbb{G},\mathbb{G}_T,e(\cdot,\cdot)\}$被称作合数阶 n 的 RSA－type 双线性群系统。

设 $\mathbb{G}_{s'}$和 $\mathbb{G}_{n'}$均是群 $\mathbb{G}$ 的子群，阶数分别为 s'和 n'。根据子群 $\mathbb{G}_{s'}$和 $\mathbb{G}_{n'}$间的正交性可得：对于任意的 $g\in\mathbb{G}_{s'}$，$h\in\mathbb{G}_{n'}$，则有 $e(g,h)=1$。

2.2.2 多维范围衍生函数

为了表示整数间的大小关系，Zhu 等[50] 构造了具有单向性的前向衍生函数（forward derivation function，FDF）和后向衍生函数（backward derivation function，BDF）。具体地，令 $U=\{t_1,t_2,\cdots,t_T\}$代表一个可数集合，U 中的所有元素均为具有全序关系的离散整数。其中 $0\leqslant t_1\leqslant t_2\leqslant\cdots\leqslant t_T\leqslant Z$ 为相对最大的整数。令函数 ψ：$U\rightarrow V$ 代表加密映射关系，$V=\{v_{t_1},v_{t_2},\cdots,v_{t_T}\}$为 U 中的所有元素映射后的加密值，即 $v_{t_i}=\psi(t_i)$。在 FDF 中，对于任意 $t_i<t_j$，存在多项式时间算法可从 v_{t_i}计算得到值 $v_{t_j}(v_{t_j}\leftarrow f_{t_i\leqslant t_j}(v_{t_i}))$，但根据 v_{t_j}计算得到 v_{t_i}是困难的。类似地，定义函数$\overline{\psi}$：$U\rightarrow\overline{V}$ 代表加密映射关系，$\overline{V}=\{\overline{v_{t_1}},\overline{v_{t_2}},\cdots,\overline{v_{t_T}}\}$为 U 中的所有元素映射后的加密值，即$\overline{v_{t_i}}=\overline{\psi}(t_i)$。在 BDF 中，对于任意 $t_i>t_j$，存在多项式时间算法可从$\overline{v_{t_i}}$计算得到值$\overline{v_{t_j}}(\overline{v_{t_j}}\leftarrow\overline{f_{t_i\leqslant t_j}}(\overline{v_{t_i}}))$，但根据$\overline{v_{t_j}}$计算得到$\overline{v_{t_i}}$是困难的。

通过将 FDF 和 BDF 集成到一个函数里，Wang 等[49]提出了多维范围衍生函数(multi - dimensional range derivation function，MRDF)。在 MRDF 中，存在保序映射函数 $\psi: U \to V$。该函数的输入为 t_i, t_j，输出值为 $v_{t_i,t_j} = \psi(t_i, t_j) = \varphi^{\lambda^{t_i}\mu^{Z-t_j}} \in G_{n'}$。其中整数 t_i 为下界值，整数 t_j 为上界值。另外需说明的是，符号 $\varphi^{\lambda^{t_i}}$ 代表的是 $\varphi^{(\lambda^{t_i})}$，而不是 $(\varphi^{\lambda})^{t_i}$。类似地，符号 $\varphi^{\mu^{Z-t_j}}$ 代表 $\varphi^{(\mu^{Z-t_j})}$，而不是 $(\varphi^{\mu})^{Z-t_j}$。接下来将利用 RSA - type 合数阶群 $G_{n'}$(群的阶数为 $n' = p'q'$)以及 $\varphi \in G_{n'}, \lambda, \mu \in Z_{n'}^*$ 构造 MRDF 函数。

定义 2.2 (多维范围衍生函数[49])定义在整数集合 U 上的函数 $F: V \to V$ 称作多维范围衍生函数，需要满足如下特性。

- 正向计算容易：对于任意的 $t_i \leqslant t_i'$ 和 $t_j \geqslant t_j'$ 条件成立，则函数 F 可在多项式时间内从 v_{t_i,t_j} 计算得到 $v_{t_i',t_j'}$，即 $v_{\{t_i',t_j'\}} \leftarrow F_{\{t_i \leqslant t_i', t_j \geqslant t_j'\}}(v_{\{t_i,t_j\}})$；
- 逆向计算困难：如果 $t_i > t_i'$ 或 $t_j < t_j'$ 条件成立，则不存在多项式时间算法，从 v_{t_i,t_j} 计算得到 $v_{t_i',t_j'}$。

函数 $F(\cdot)$ 的计算过程如下：

$$\begin{aligned} F_{\{t_i \leqslant t_i', t_j \geqslant t_j'\}}(v_{\{t_i,t_j\}}) &= (v_{\{t_i,t_j\}})^{\lambda^{t_i'-t_i}\mu^{t_j-t_j'}} \\ &= (\varphi^{\lambda^{t_i}\mu^{Z-t_j}})^{\lambda^{t_i'-t_i}\mu^{t_j-t_j'}} \\ &= \varphi^{\lambda^{t_i'}\mu^{Z-t_j'}} \\ &= v_{\{v_i' t_j'\}} \in \mathbb{G}_{n'} \end{aligned}$$

2.2.3 新型访问策略树

令 T 为表示访问结构的策略树。在访问树中，每个叶子节点代表一个属性，每个非叶子节点代表一个逻辑门(AND、OR 或门限)。对于节点 x 来说，设 num_x 表示其孩子节点的个数，k_x 表示该节点的门限值，则 $0 < k_x \leqslant \text{num}_x$。如果节点 att($x$)对应的是 OR 逻辑门，那么 $k_x = 1$；如果节点 att(x)对应的是 AND 逻辑门，那么 $k_x = \text{num}_x$。此外，设 parent(x)表示节点 x 的父节点，att(x)表示节点 x 对应的用户属性。

为了在访问策略中加入对访问时间和访问空间的约束，本章在传统访问结构 T 中新增了与时间和位置有关的陷门，并构建了一个带有时空约束的新型访问策略树，访问策略树示例如图 2 - 1 所示。令 TD_{t_a,t_b}^{x} 表示节点 x 与时间约束$[t_a, t_b]$有关，$\text{TD}_{\text{Loc}_k}^{y}$ 表示节点 y 与位置约束 Loc_k 有关。无论是时间陷门还是位置陷门均可嵌入访问树中的任意节点上。在图 2 - 1 中，时间陷门 $\text{TD}_{t_a,t_b}^{n_1}$ 被设置在访问树中的 n_1

节点上，用于表示对策略属性“A_1”所施加的时间约束条件。同样，时间陷门 $TD^{n_2}_{t_c,t_d}$ 被设置到节点 n_2 上，用于表示对策略属性集“$A_3 \land A_4$”所添加的时间约束。图2－1中根节点 n_0 上设置了位置陷门 $TD^{n_0}_{Loc_k}$，用于表示针对策略属性集“$A_0 \land ((A_1 \land A_2) \lor (A_3 \land A_4))$”所添加的空间约束。如果使用图 2－1 中的策略树对消息进行加密，那么针对拥有属性为“A_0, A_3, A_4”的用户，只有其处在访问位置 Loc_k 并且访问时间在$[t_c, t_d]$内，才可以用其私钥成功解密密文数据。

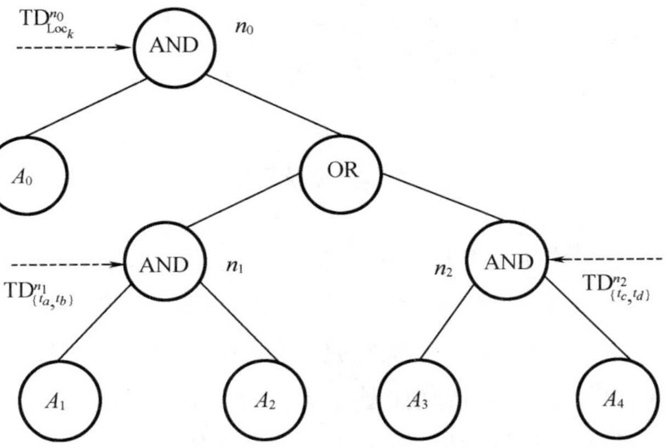

图 2－1　访问策略树示例

2.3　形式化定义及安全模型

如图 2－2 所示为本章提出的支持时空约束策略的 CP－ABE（temporal and spatial constrained CP－ABE，TSC－CP－ABE）方案的系统模型，主要包括以下 7 个实体：密钥生成中心（key generation center，KGC）、云服务器（cloud server，CS）、数据拥有者（data owner，DO）、用户（user）、时间服务器（time server，TS）、位置服务器（location server，LS）和传感器（sensors）。

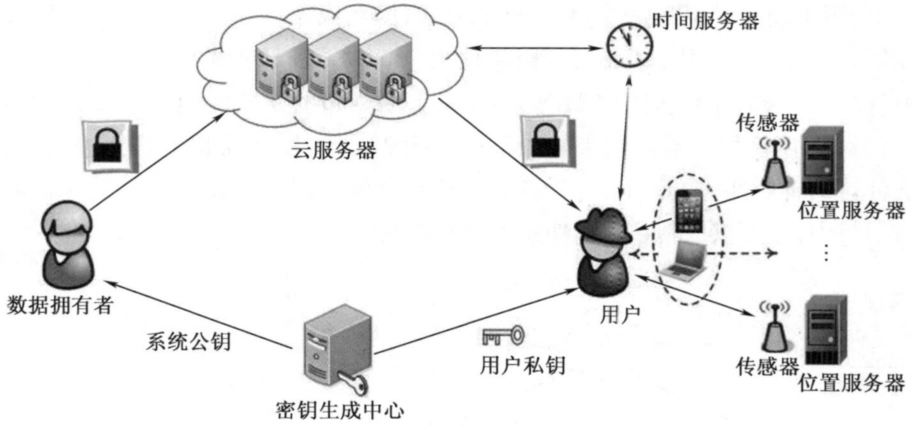

图 2－2　系统模型

密钥生成中心:密钥生成中心负责建立系统的公共参数,并根据用户的属性为用户颁发私钥。在系统中,密钥生成中心是完全可信的实体。

云服务器:一方面,云服务器为数据拥有者提供数据存储服务并为用户提供数据访问服务;另一方面,云服务器利用其强大的计算能力可对云端存储的数据执行重加密操作。在系统中,云服务器被假定为半可信(curious－but－honest)的实体,即它会诚实地执行系统合法用户所赋予的任务,同时试图从所接收的数据中获取更多的信息。

数据拥有者:在上传数据到云服务器之前,数据拥有者首先制定访问策略并根据该策略加密数据。在系统中,假定数据拥有者都是可信的,并且不会故意做破坏其数据机密的事情。

用户:在系统中,每个用户都被赋予一个唯一的全局标识符,并且根据其用户属性被授予相应的私钥。假定系统中的用户是不诚实的,未授权用户之间会试图合谋攻击以获得更多的信息。

时间服务器:为了实现时间访问控制功能,系统中需要一个可信的时间服务器用于统一时间管理。令 Ft 表示系统中约定的统一时间格式,如“day/－month/year”或“second/minute/hour”。时间服务器可以直接采用第三方的互联网时间服务器(Internet time servers)。

位置服务器:位置服务器可以部署在系统中的一些特定区域,利用周边的传感器去确定用户的位置信息。Geohash 算法可以实现对用户所处的位置信息进行编码处理。令符号 $\mathbb{F}_{\text{Loc}}$ 表示系统中的统一位置格式。此外,位置服务器还具有一定的计算能力。

传感器:传感器被部署在位置服务器的附件区域,用于认证用户的位置信息。在本章描述的方案中,关于传感器的定位技术不是关注的焦点。为简化处理,方案中均假设传感器的定位信息是准确的。

1. 形式化定义

本章提出的 TSC－CP－ABE 方案主要包括以下 6 个多项式时间算法,各多项式时间算法形式化描述如下。

①Setup(λ)→(PK,MK,LSK):系统参数设置算法,由 KGC 执行。该算法输入安全参数 λ,输出系统公开参数 PK、系统主密钥 MK 以及所部署的位置服务器的私钥 LSK。

②KeyGen(PK,MK,gid,S_{gid},TI_{gid})→SK_{gid}:用户私钥生成算法,由 KGC 执行。该算法输入系统公开参数 PK、系统主密钥 MK、用户全局身份 gid、用户属性集 S_{gid}、时间范围属性 $\text{TI}_{\text{gid}}=[t_a,t_b]$。需要说明的是,$\text{TI}_{\text{gid}}$中的元素均编码成具有全序关系的离散整数,即 $0\leqslant t_a\leqslant\cdots\leqslant t_b$。该算法为用户 gid 输出私钥 SK_{gid}。

③Encrypt(m,T,PK)→CT:数据加密算法,由 DO 执行。该算法输入明文消息 m、访问策略树 T、系统公开参数 PK,算法输出 m 的密文 CT。需要说明的是,访问结构 T 中除了包含一般的用户属性外,还包含了对访问时间范围和访问空间区域的约束。生成密文中与位置有关的陷门信息用 TD_{Loc}表示。

④ReEncrypt(PK,CT,t_c)→CT′:数据重加密算法,由 CS 执行。该算法输入公开参数 PK、密文 CT 以及用户当前访问时刻 t_c,算法输出重加密后的密文 CT′。

⑤LocTokenGen(PK,gid,TD_{Loc},LSK)→TK_{Loc}:位置令牌生成算法,由特定的 LS 执行。该算法输入系统公开参数 PK、访问用户全局身份 gid、位置陷门(密文中与位置 Loc 有关的陷门信息),以及用户访问位置区域内 LS 的私钥 LSK。该算法为用户 gid 输出位置令牌 TK_{Loc}。

⑥Decrypt(PK,CT′,TK_{Loc},SK_{gid})→(m ⊥):数据解密算法,由用户执行。该算法输入系统公开参数 PK、重加密后的密文 CT′、位置令牌 TK_{Loc}以及用户的私钥 SK_{gid},算法输出解密后的明文消息 m。只有当用户属性及访问时间和位置均满足策略树时,用户私钥才能成功解密密文数据;否则算法将输出⊥。

算法正确性:对于任意的(PK,MK,LSK)←Setup(λ),SK_{gid}←KeyGen(PK,MK,gid,S_{gid},TI_{gid}),CT←Encrypt(m,T,PK),CT′←ReEncrypt(PK,CT,t_c),TK_{Loc}←LocTokenGen(PK,gid,TD_{Loc},LSK),当且仅当($S_{\text{gid}}\wedge t_c\wedge \text{Loc})\in T$ 条件满足时,才可

以成功解密密文数据 $\mathrm{Decrypt}(\mathrm{PK},\mathrm{CT}',\mathrm{TK}_{\mathrm{Loc}},\mathrm{SK}_{\mathrm{gid}})\rightarrow m$。

2. 安全模型

本章所构建 TSC - CP - ABE 方案的安全性主要基于以下模型进行证明，此安全模型对挑战者（challenger，C）和敌手（adversary，A）之间的安全游戏进行描述。

初始化：敌手 A 事先声明待挑战的访问结构 T。需要说明的是，该访问结构 T 中包含了用户属性集 A_{P}、访问时间约束 $T_{\mathrm{P}}=[t_i,t_j]$ 以及访问位置约束 $L_{\mathrm{P}}=\mathrm{Loc}_{\mathrm{k}}$。

系统建立：挑战者 C 首先运行系统参数设置算法，并获得系统公开参数 PK、系统主密钥 MK 以及位置服务器的私钥 LSK。然后挑战者将系统公开参数 PK 发送给敌手 A。

查询阶段 1：敌手 A 针对不同的属性集 S_{u} 和时间范围 $\mathrm{TI}_{\mathrm{u}}=[t_a,t_b]$ 向 C 进行一系列私钥查询。然后 C 运行私钥生成 KeyGen 算法后获得用户私钥 SK_{u} 并将其发送给 A。

挑战：A 向 C 提交两个等长的消息 m_0,m_1 后，C 随机选取 $b\in\{0,1\}$ 并根据访问结构 T 加密消息 m_b。然后 C 将加密生成的密文 CT 发送给 A。

查询阶段 2：A 继续向 C 执行同查询阶段 1 类似的私钥查询请求。需要说明的是，在该阶段允许 A 针对不同位置 $\mathrm{Loc}_{\mathrm{u}}$ 向 C 进行位置令牌 $\mathrm{TK}_{\mathrm{Loc}_{\mathrm{u}}}$ 查询，但需满足限制条件 $(S_{\mathrm{u}}\wedge\mathrm{TI}_{\mathrm{u}}\wedge\mathrm{Loc}_{\mathrm{u}})\notin T$。尽管位置令牌查询也可在查询阶段 1 执行，但在挑战阶段获取有关位置约束的密文后执行查询更有意义。

猜测：A 输出一个关于 b 的猜测 b'。

攻击者 A 在这个游戏中的优势被定义为 $Pr[b'=b]-\frac{1}{2}$。

定义 2.3 如果对于所有概率多项式时间（probabilistic polynomial - time，PPT），敌手在上述安全游戏中的优势均是可忽略的，那么本章所提 TSC - CP - ABE 方案可抵抗选择明文攻击安全。在上述安全游戏中，敌手 A 在私钥查询阶段的查询可进一步划分为以下三种类型：

（1）访问时间和位置符合挑战访问结构 T 中的时空约束条件，但用户属性不满足 T；

（2）用户属性和访问时间符合 T 中相关策略，但访问位置不满足空间约束条件；

（3）用户属性和访问位置符合 T 中相关策略，但访问时间不满足时间约束条件。

2.4　TSC－CP－ABE 方案设计

本节接下来将描述 TSC－CP－ABE 方案的具体设计细节。

1. 系统参数设置

KGC 首先选取一个 RSA－type 双线性群系统 $S_N=N=pq,\mathbb{G},\mathbb{G}_T,e$。其中群 $\mathbb{G},\mathbb{G}_T$ 的阶均为合数 $n=s'n'$，$\mathbb{G}_{s'}$ 和 $\mathbb{G}_{n'}$ 为群 $\mathbb{G}$ 的子群。然后 KGC 选取生成元 $g\in\mathbb{G}_{s'},\varphi\in\mathbb{G}_{n'},w\in\mathbb{G}$，以及两个随机数 $\lambda,\mu\in Z_{n'}^*$。根据合数阶群的性质，可知 $e(g,\varphi)=1,e(g,w)\neq1$。

接下来定义三个哈希函数，分别是 $H_0,H_1:\{0,1\}^*\rightarrow\mathbb{G}_{s'},H_2:\mathbb{G}_T\rightarrow Z_n^*$。此外，KGC 随机选取 $\alpha,\beta\in Z_n^*$ 并计算生成 $h=w^{\beta},\eta=g^{1\beta},\zeta=e(g,w)^{\alpha}$。

假定系统在 L 个不同的位置分别部署了位置服务器 $\mathrm{LS}_k(k\in1,2,\cdots,L)$。KGC 首先为每个 LS_k 选取随机数 $\gamma_k\in Z_n^*$ 作为其私钥，即 $\mathrm{SK}_{\mathrm{Loc}_k}=\gamma_k$。相应地，该位置服务器的公钥为 $\mathrm{PK}_{\mathrm{Loc}_k}=\{\mathbb{F}_{\mathrm{Loc}_k},l_{\mathrm{Loc}_k}\}=w^{\gamma_k}$。最终，KGC 生成系统公开参数 PK 如下：

$$\mathrm{PK}=(\mathbb{S}_N,g,\eta,w,h,\zeta,\varphi,\lambda,\mu,H_0,H_1,H_2,\{\mathrm{PK}_{\mathrm{Loc}_k}\}_{k\in\{1,2,\cdots,L\}})$$

系统主密钥 MK 如下：

$$\mathrm{MK}=(p,q,n,s',n',\alpha,\beta,\{SK_{\mathrm{Loc}_k}\}_{k\in\{1,2,\cdots,L\}})$$

2. 用户私钥生成

该系统中假设每个用户均有一个全局唯一身份 gid，用户 gid 的属性集为 S_{gid}。KGC 首先随机选取 $u_j\in\mathbb{Z}_n$，然后针对每个属性 $i\in S_{\mathrm{gid}}$ 选取一个对应的随机数 $r_i\in\mathbb{Z}_n^*$。最终，KGC 计算用户 gid 的属性密钥为

$$\mathrm{SK}_{\mathrm{Attr}}=\{D=g^{\frac{\alpha+u_j}{\beta}}H_0(\mathrm{gid})^{\frac{u_j}{\beta}},D'=w^{u_j},\forall i\in S_{\mathrm{gid}}:D_i=(gH_0(\mathrm{gid}))^{u_j}\cdot H_1(i)^{r_i},D_i'=w^{r_i}\}$$

为了实现对用户的时间访问约束，假设用户被允许访问数据的时间段为 $[t_a,t_b]$。令 $\mathbb{F}_t$ 表示系统中的统一时间格式，可将每个具体时刻编成一个整数。需要说明的是，$[t_a,t_b]$ 代表的是一个时间范围，即该区间内的元素为具有全序关系的离散整数。

KGC 选取随机数 $r_t\in\mathbb{Z}_n^*$，并设置用户的时间属性密钥为

$$\mathrm{DK}_{[t_a,t_b]}=\{D_t=(gH_0(\mathrm{gid}))^{u_j}\cdot H_1(\mathbb{F}_i)^{r_i},D_t'=w^{r_i},D_t^*=(v_{\{t_a,t_b\}})^{r_i}=\varphi^{r_i\lambda^{t_a}\mu^{Z-t_b}}\}$$

该算法最终为用户 gid 生成私钥 $\mathrm{SK}_{\mathrm{gid}}=\{\mathrm{SK}_{\mathrm{Attr}},\mathrm{DK}_{[t_a,t_b]}\}$。

3. 数据加密

在用户数据上传到云服务器前,数据拥有者首先随机选取对称密钥 $\mathrm{K}\in\mathbb{G}_{\mathrm{T}}$,然后利用对称加密算法加密明文数据 m。接下来根据访问结构 T,利用下述算法来加密对称密钥 K,并生成密文 CT。

该算法首先为新型访问策略树 T 中的每个节点 x(节点顺序为从上到下)各生成一个多项式 q_x。具体地,先为策略树的根节点 R 选取多项式,然后向叶子节点的方向逐层为每个节点选取对应多项式。针对节点 x,令 d_x 表示该节点对应多项式 q_x 的最高次数,且 d_x 的值为该节点对应的门限值 k_x-1,即 $d_x=k_x-1$。从树中的根节点 R 开始,该算法首先选取随机数 $s\in\mathbb{Z}_n^*$,并设置 $q_R^0=s$。树中的每个节点均有两个关联值:q_x^0 和 q_x^1。如果节点 x 上被嵌入了时间陷门和位置陷门信息,则其还会额外增加两个关联值:$t_x^0\in\mathbb{Z}_n^*$ 和 $l_x^*\in\mathbb{Z}_n^*$。针对节点 x,q_x^1 的取值计算如下:

$$\begin{cases} q_x^1=q_x^0-l_x^0-t_x^0 & x\text{ 与时间陷门和位置陷门相关联} \\ q_x^1=q_x^0-l_x^0 & x\text{ 仅与位置陷门关联} \\ q_x^1=q_x^0-t_x^0 & x\text{ 仅与时间陷门关联} \\ q_x^1=q_x^0 & \text{其他情况} \end{cases}$$

对于非叶子节点 x,多项式 q_x 需满足条件:$q_x(0)=q_x^1$ 和 $d_x=k_x-1$。对于除了根节点外的任意节点 x,设置 $q_x^0=q_{\mathrm{parent}(x)}(\mathrm{index}(x))$。令 X 表示访问策略树 T 中所有叶子节点的集合;Y 表示与时间陷门相关联的子节点结合;Z 表示与位置陷门相关联的节点集合。为了便于表达,假定节点 $y\in Y$ 被指定的时间约束为$[t_i,t_j]$,节点$z\in Z$ 被指定的访问位置约束为 Loc_k。该算法计算密文过程如下:

$$\mathrm{CT}=T,\widetilde{C}=\mathrm{Enc}(\mathrm{K},m),C=Ke(g,w)^{\alpha s},C'=h^s$$

$$\forall x\in X:C_x=w^{q_x^1},C_x'=H_1(\mathrm{att}(x))^{q_x^1}$$

$$\forall y\in Y:C_y=w^{t_y^0},C_y'=H_1(A_t)^{t_y^0},C_y'=(v_{\{t_i,t_j\}})^{t_y^0}=\varphi^{t_y^0\lambda^{t_i}\mu^{Z-t_j}}$$

$$\forall z\in Z:C_z=w^{r_z},C_z'=l_z^0+H_2(e(H_1(\mathbb{F}_{\mathrm{Loc}_k}),l_{\mathrm{Loc}_k})^{r_z})\}$$

需要说明的是,对于任意节点 $z\in Z$,需要为其选取随机数 $r_z\in Z_n^*$。另外,计算 C_z'时所用到的 l_{Loc_k}来自系统公开参数 $\mathrm{PK}_{\mathrm{Loc}_k}$。

4. 数据重加密

当访问用户需要从云端获取数据时,云服务器会执行该算法,将密文数据 CT 重加密后生成 CT′。这可将用户获取的密文数据与当前访问时刻(t_c)真正关联起来,该机制用于确保用户此刻的下载数据请求真正合理。具体地,对于访问树 T 中

的节点 $y\in Y$，CS 首先要检查当前访问时刻 t_c 是否属于施加在节点 y 上的时间 $[t_i, t_j]$ 内。如果 $t_c\notin[t_i,t_j]$，该算法将 $\widetilde{C''_y}$ 设置为特殊符号 $\perp$；否则，算法计算如下：

$$\begin{aligned}\widetilde{C''_y}&=C_y\cdot F_{\{t_i\leqslant t_c,t_j\geqslant t_c\}}(C''_y)\\&=C_y\cdot F_{\{t_i\leqslant t_c,t_j\geqslant t_c\}}(v_{\{t_i,t_j\}})^{t_y^0}\\&=C_y\cdot(\varphi^{t_y^0\lambda^{t_i}\mu^{Z-t_j}})^{\lambda^{t_c-t_i}\mu^{t_j-t_c}}\\&=C_y\cdot\varphi^{t_y^0\lambda^{t_c}\mu^{Z-t_c}}\\&=w^{t_y^0}\cdot(v_{\{t_c,t_c\}})^{t_y^0}\\&=(v_{\{t_c,t_c\}}w)^{t_y^0}\end{aligned}$$

重加密后的密文 CT′表示如下：

$$\mathrm{CT}'=\{T,\widetilde{C},C,C'\},\{C_x,C'_x\ \forall x\in\mathcal{X}\},\{C'_y,\widetilde{C''_y}\ \forall y\in\mathcal{Y}\},\{C_z,C'_z\ \forall z\in\mathcal{Z}\}$$

云服务器将密文 CT′以及当前访问时刻 t_c 一起发送给访问用户。

5. 位置令牌生成

当位置服务器收到用户 gid 发来的位置陷门 $\mathrm{TD}_{\mathrm{Loc}_k}$ 信息时，首先 LS_k 会先通过周边传感器确认用户所处的位置。由云端存储的密文 CT 可知 $\mathrm{TD}_{\mathrm{Loc}_k}$ 被表示为

$$(C_z=w^{r_z},C'_z=l_z^0+H_2(e(H_1(\mathbb{F}_{\mathrm{Loc}_k}),l_{\mathrm{Loc}_k})^{r_z})$$

当 LS_k 确认当前用户在其所管辖空间区域内，则其首先计算

$$C'_z-H_2(e(H_1(\mathbb{F}_{\mathrm{Loc}_k}),C_z)^{\mathrm{SK}_{\mathrm{Loc}_k}})=C'_z-H_2(e(H_1(\mathbb{F}_{\mathrm{Loc}_k}),w^{r_z})^{\gamma_k})=l_z^0$$

然后 LS_k 计算生成位置令牌 $\mathrm{TK}_{\mathrm{Loc}_k}=(gH_0(\mathrm{gid}))^{l_z^0}$，并将其发送给用户 gid。

6. 数据解密

在执行数据解密过程中，首先定义一个递归算法 $\mathrm{DecryptNode}(\mathrm{CT}',\mathrm{SK}_{\mathrm{gid}},x)$。该算法输入重加密密文 CT′、用户私钥 $\mathrm{SK}_{\mathrm{gid}}$，以及访问树 T 中的节点 x。如果 x 为叶子节点，令 $i=\mathrm{att}(x)$，算法执行如下。

若 $i\in S_{\mathrm{gid}}$，则计算：

$$\begin{aligned}F_x^{\mathrm{attr}}&=\mathrm{DecryptNode}(\mathrm{CT}',\mathrm{SK}_{\mathrm{gid}},x)\\&=\frac{e(D_i,C_x)}{e(D'_i,C'_x)}\\&=\frac{e((gH_0(\mathrm{gid}))^{u_j}H_1(i)^n,w^{q_x^1})}{e(w^{r_i},H_1(\mathrm{att}(x))^{q_x^1})}\\&=e(gH_0(\mathrm{gid}),w)^{u_jq_x^1}\end{aligned}$$

若 $i\notin S_{\mathrm{gid}}$，则输出：$\mathrm{DecryptNode}(\mathrm{CT}',\mathrm{SK}_{\mathrm{gid}},x)=\perp$。

接下来考虑访问树中被嵌入时间陷门的节点($\forall y \in Y$)。令 $A_t[t_i, t_j]$ 表示嵌入在节点 y 上的时间范围,$A_t[t_a, t_b]$ 表示用户被允许访问的时间权限。如果用户当前访问时刻 t_c 在被允许范围内,则针对与时间相关的密文处理如下:

$$\begin{aligned}\widetilde{D''_t} &= F_{\{t_a \leqslant t_c, t_b \geqslant t_c\}}(D''_t)\\ &= F_{\{t_a \leqslant t_c, t_b \geqslant t_c\}}(v_{\{t_a, t_b\}})^{r_t}\\ &= (\varphi^{r_t \lambda^{t_a} \mu^{Z - t_b}})^{\lambda^{t_c - t_a} \mu^{t_b - t_c}}\\ &= \varphi^{r_t \lambda^{t_c} \mu^{Z - t_c}}\\ &= (v_{\{t_c, t_c\}})^{r_t}\end{aligned}$$

$$\begin{aligned}F_y^{\text{time}} &= \frac{e(D_t, \widetilde{C''_y})}{e(D'_t, \widetilde{D''_t}, C'_y)}\\ &= \frac{e((gH_0(\text{gid}))^{u_j} H_1(A_t)^{r_t}, (v_{\{t_c, t_c\}} w)^{t_y^0})}{e(w^{r_t}(v_{\{t_c, t_c\}})^{r_i}, H_1(A_t)^{t_y^0})}\\ &= e(gH_0(\text{gid}), w)^{u_j t_y^0} \cdot e(gH_0(\text{gid}), v_{\{t_c, t_c\}})^{u_j t_y^0}\\ &= e(gH_0(\text{gid}), w)^{u_j t_y^0}\end{aligned}$$

接下来考虑访问树中被嵌入位置陷门的节点($\forall z \in Z$)。针对节点 z 的处理,与该节点是否为叶子节点无关。假定节点 z 被嵌入位置约束 k,并且用户已获得相应的位置令牌 TK_{Loc_k},计算过程如下:

$$\begin{aligned}F_z^{\text{loc}} &= e(D', \text{TK}_{\text{Loc}_k})\\ &= e(w^{u_j}, (gH_0(\text{gid}))^{l_z^0})\\ &= e(gH_0(\text{gid}), w)^{u_j l_z^0}\end{aligned}$$

若节点 x 既不与时间陷门相关联,又不与位置陷门相关联,那么针对该节点计算如下:

$$F_x = F_x^{\text{attr}} = e(gH_0(\text{gid}), w)^{u_j q_x^1} = e(gH_0(\text{gid}), w)^{u_j q_x^0}$$

若节点 x 仅与时间陷门相关联,则计算如下:

$$\begin{aligned}F_x &= F_x^{\text{attr}} \cdot F_x^{\text{time}}\\ &= e(gH_0(\text{gid}), w)^{u_j q_x^1} e(gH_0(\text{gid}), w)^{u_j t_x^0}\\ &= e(gH_0(\text{gid}), w)^{u_j (q_x^1 + t_x^0)}\\ &= e(gH_0(\text{gid}), w)^{u_j q_x^0}\end{aligned}$$

若节点 x 仅与位置陷门相关联,则计算如下:

$$F_x = F_x^{\text{attr}} \cdot F_x^{\text{loc}}$$

$$= e\left(gH_0(\mathrm{gid}),w\right)^{u_j q_x^1} e\left(gH_0(\mathrm{gid}),w\right)^{u_j l_x^0}$$
$$= e\left(gH_0(\mathrm{gid}),w\right)^{u_j(q_x^1 + l_x^0)}$$
$$= e\left(gH_0(\mathrm{gid}),w\right)^{u_j q_x^0}$$

若节点 x 与时间陷门和位置陷门均相关联,则计算如下:

$$F_x = F_x^{\mathrm{attr}} \cdot F_x^{\mathrm{time}} \cdot F_x^{\mathrm{loc}}$$
$$= e\left(gH_0(\mathrm{gid}),w\right)^{u_j q_x^1} \cdot e\left(gH_0(\mathrm{gid}),w\right)^{u_j t_x^0} \cdot e\left(gH_0(\mathrm{gid}),w\right)^{u_j l_x^0}$$
$$= e\left(gH_0(\mathrm{gid}),w\right)^{u_j(q_x^1 + t_x^0 + l_x^0)}$$
$$= e\left(gH_0(\mathrm{gid}),w\right)^{u_j q_x^0}$$

下面考虑当 x 为非叶子节点时的递归情况。令 z 表示 x 的孩子节点,且 S_x 为具有 k_x 个数的 z 节点的集合。若满足上述条件的集合 S_x 不存在,则算法解密失败;否则执行计算如下:

$$F_x^{\mathrm{attr}} = \prod_{z \in S_x} F_z^{\Delta_{i,S'_x}(0)}$$
$$= \prod_{z \in S_x} \left(e(gH_0(\mathrm{gid}),w)^{u_j q_z^0}\right)^{\Delta_{i,S'_x}(0)}$$
$$= e(gH_0(\mathrm{gid}),w)^{u_j q_x^1} \text{(利用多项式插值)}$$

其中 $i = \mathrm{index}(z)$,$S'_x = \{\mathrm{index}(z): z \in S_x\}$。

如果用户满足访问结构 T,利用前述递归算法,可最终计算得到根节点值 $F_R = e\left(gH_0(\mathrm{gid}),w\right)^{u_j q_R^0} = e\left(gH_0(\mathrm{gid}),w\right)^{u_j s}$。该算法解密数据如下:

$$K' = C(e(D,C')F_R) = K$$

$$m' = \mathrm{Dec}(K',\widetilde{C}) = m$$

2.5　TSC – CP – ABE 方案扩展

本节在前述提出的具有时空约束策略的 CP – ABE 方案基础上,通过将数据解密阶段的大部分计算操作转移到外包服务器上,进而提出支持外包解密的 TSC – CP – ABE 方案扩展(命名为 ETSC – CP – ABE 方案)。具体地,在原有算法基础上,解密用户首先执行 Delegate 算法生成转换密钥,并将其发送给外包服务器;然后外包服务器执行 DecryptProxy 算法对密文数据进行部分解密,并将解密后的转换密文发送给用户；最后，用户执行 DecryptUser 算法得到解密后的明文消息。为了简化表达，本节仅给出在数据解密阶段新增的 3 个多项式时间算法。

1. 授权解密阶段

Delegate$(SK_{gid}, TK_{Loc_k}) \rightarrow (\widetilde{SK_{gid}}, TK_{Loc_k}, RK_{gid})$：授权解密算法，由用户执行。给定用户私钥 SK_{gid}，该算法首先随机选取 $Q \in \mathbb{Z}_n^*$ 并设置 $RK_{gid} = Q$，然后计算 $\widetilde{SK_{Attr}} = \{\widetilde{D} = D^{1/Q}, \widetilde{D'} = D'^{1/Q}, \{\widetilde{D_i} = D_i^{1/Q}, \widetilde{D_i'} = D_i'^{1/Q}\} i \in S_{gid}\}$，$\widetilde{DK_{[t_a,t_b]}} = \{\widetilde{D_t} = D_t^{1/Q}, \widetilde{D_t'} = D_t'^{1/Q}, \widetilde{D_t''} = D_t''^{1/Q}\}$。最后，用户将转换密钥 $\widetilde{SK_{gid}} = \{\widetilde{SK_{Attr}}, \widetilde{DK_{[t_a,t_b]}}\}$ 和位置令牌 TK_{Loc_k} 一起发送给外包服务器，而终端密钥 RK_{gid} 则由用户自身保存。

2. 外包解密

DecryptProxy$(CT', \widetilde{SK_{gid}}, TK_{Loc_k}) \rightarrow (CT_{Pro})$：外包解密算法，由代理服务器执行。假定用户属性、访问时间和访问位置均满足密文中的访问策略，算法执行过程如下：

设叶子节点 x 对应的属性为 $i = \text{att}(x)$。如果 $i \in S_{gid}$，则计算：

$$F_x^{\text{attr}} = \frac{e(\widetilde{D_i}, C_x)}{e(\widetilde{D_i'}, C_x')} = e(gH_0(\text{gid}), w)^{\frac{u_j}{Q} q_x^1}$$

对于与时间陷门有关的节点 x，若当前访问时刻是合法、有效的，则计算：

$$\begin{aligned}
\overline{D_t''} &= F_{\{t_a \leqslant t_c, t_b \geqslant t_c\}}(\widetilde{D_t''}) \\
&= F_{\{t_a \leqslant t_c, t_b \geqslant t_c\}}(v_{\{t_a, t_b\}})^{\frac{r_t}{Q}} \\
&= (\varphi^{\frac{r_t}{Q} \lambda^{t_a} \mu^{Z - t_b}})^{\lambda^{t_c - t_a} \mu^{t_b - t_c}} \\
&= \varphi^{\frac{r_t}{Q} \lambda^{t_c} \mu^{Z - t_c}} \\
&= (v_{\{t_c, t_c\}})^{\frac{r_t}{Q}}
\end{aligned}$$

$$F_x^{\text{time}} = \frac{e(\widetilde{D_t}, \widetilde{C_y''})}{e(\widetilde{D_t'}, \overline{D_t''}, C_y')} = e(gH_0(\text{gid}), w)^{\frac{u_j}{Q} t_y^0}$$

如果节点 x 与位置陷门 TD_{Loc_k} 相关联，则计算：

$$F_x^{\text{Loc}_k} = e(\widetilde{D'}, TK_{Loc_k}) = e(gH_0(\text{gid}), w)^{\frac{u_j}{Q} l_z^0}$$

对于节点 x，F_x 值计算如下：

$$\begin{cases} F_x = F_x^{\text{attr}} \cdot F_x^{\text{loc}} \cdot F_x^{\text{time}} & x\text{ 与时间陷门和位置陷门相关联} \\ F_x = F_x^{\text{attr}} \cdot F_x^{\text{loc}} & x\text{ 仅与位置陷门相关联} \\ F_x = F_x^{\text{attr}} \cdot F_x^{\text{time}} & x\text{ 仅与时间陷门相关联} \\ F_x = F_x^{\text{attr}} & \text{其他情况} \end{cases}$$

最终计算得到 $F_x = e\left(gH_0(\text{gid}), w\right)^{\frac{u_j}{Q}q_x^0}$。

接下来考虑 x 为非叶子节点时的情况。令 z 表示 x 的孩子节点，且 S_x 为具有 k_x 个数的 z 节点的集合。若满足上述条件的集合 S_x 不存在，则算法解密失败；否则执行计算如下：

$$\begin{aligned} F_x^{\text{attr}} &= \prod_{z \in S_x} F^{\Delta_{i,S_x'}(0)} \\ &= \prod_{z \in S_x} \left(e(gH_0(\text{gid}), w)^{\frac{u_j}{Q}q_x^0}\right)^{\Delta_{i,S_x'}(0)} \\ &= e(gH_0(\text{gid}), w)^{\frac{u_j}{Q}q_x^1}\text{（利用多项式插值）} \end{aligned}$$

其中 $i = \text{index}(z)$，$S_x' = \{\text{index}(z): z \in S_x\}$。

对于根节点 R，可递归计算得到

$$F_R = e\left(gH_0(\text{gid}), w\right)^{\frac{u_j}{Q}q_R^0} = e\left(gH_0(\text{gid}), w\right)^{\frac{u_j}{Q}s}$$

最后，代理服务器计算 $\text{CT}_{\text{pro}} = (e(\widetilde{D}, C')F_R) = e(g, w)^{\frac{\alpha s}{Q}}$ 并发送给解密用户。

3. 终端解密

$\text{DecryptUser}(\text{CT}', \text{CT}_{\text{pro}}, \widetilde{\text{RK}_{\text{gid}}}) \rightarrow m$：终端解密算法，由用户执行。

该算法计算过程如下：

$$K = C(\text{CT}_{\text{pro}})$$

$$m = \text{Dec}(K, \widetilde{C})$$

2.6 安全性分析

本节将首先介绍相关的数学困难假设，然后给出所提方案的安全性证明过程。

定义 2.4 （RSA 困难假设）给定 RSA 公钥 (N, e) 和密文 $C = m^e \in \mathbb{G}_{n'}$，在多项式时间内计算明文消息 m 是困难的。

定义 2.5 （Co－CDH（DBCo－CDH）困难假设）给定四元组$(g_1, g_1^x, g_2, g_2^y) \in \mathbb{G}^4$，其中$x, y \in \mathbb{Z}_n^*$。在多项式时间内计算$g_2^{xy}$是困难的。

定义 2.6 （双线性 Co－CDH 困难假设）给定五元组$(g_1, g_1^x, g_1^y, g_2, g_2^y) \in \mathbb{G}^5$，其中$x, y \in \mathbb{Z}_n^*$。在多项式时间内计算$e(g_1^y, g_2^{xy})$是困难的。

定义 2.7 （判定双线性 Co－CDH 困难假设）给定五元组$(g_1, g_1^a, g_1^b, g_2, g_2^c) \in \mathbb{G}^5, Z \in \mathbb{G}_T$，其中$a, b, c \in \mathbb{Z}_n^*$。不存在多项式时间算法，使得敌手 A 能以不可忽略的优势判定Z等于$e(g_1, g_2)^{abc}$或者属于$\mathbb{G}_T$中的随机值。

对于上述 RSA 假设，其计算明文消息m是困难的。原因在于求解大整数的因子分解$N = pq$是困难的，进一步可推导出计算n、n'与$\frac{1}{e}(\bmod n')$也是困难的。

在本章 2.3 节的安全模型中将敌手划分为三种类型，下面依次针对每种类型讨论其安全性。

对于第一类敌手 A，其用户属性不满足访问结构。

定理 2.1 如果 DBCo－CDH 困难假设成立，那么不存在具有多项式时间计算能力的第一类敌手 A 在选择安全下能以不可忽略的优势攻破本章所提出的 TSC－CP－ABE 方案。

证明 假设敌手 A 能以不可忽略的优势ε选择性地攻破本章提出的 TSC－CP－ABE 方案，那么我们可以构造模拟器 B 同样以不可忽略的优势攻破 DBCo－CDH 困难假设。

初始化：敌手 A 首先选择挑战访问结构T^*，并将其发给模拟器 B。需要说明的是，属性集S_{P}、时间策略$T_{\mathrm{P}} = [t_i, t_j]$以及位置策略$L_{\mathrm{P}} = \mathrm{Loc}_K$均包含在$T^*$中。

系统建立：挑战者 C 首先选取 RSA－type 双线性群系统$S_N = \{N = pq, \mathbb{G}, \mathbb{G}_T, e\}$，其中群$\mathbb{G}$和$\mathbb{G}_T$的阶数均为合数$n = s'n'$，$\mathbb{G}_{s'}$和$\mathbb{G}_{n'}$为$\mathbb{G}$的子群。随机选取生成元$g_1 \in \mathbb{G}, g_2 \in \mathbb{G}_{s'}, g_3 \in \mathbb{G}_{n'}$。然后，挑战者 C 随机投掷硬币$\nu \in \{0,1\}$。如果$\nu = 0$，挑战者 C 设置$(A, B, C, Z) = \{g_1^a, g_1^b, g_2^c, e(g_1, g_2)^{abc}\}$；否则，设置$(A, B, C, Z) = \{g_1^a, g_1^b, g_2^c, e(g_1, g_2)^z\}$，其中$a, b, c, z \in Z_n^*$。最后，挑战者 C 发送$(A, B, C, Z)$给模拟器 B。

模拟器 B 首先复用 C 所选择的S_N, g_1, g_2, g_3，然后随机选择$\alpha, \beta \in \mathbb{Z}_n^*$，并定义统一的时间格式$\mathbb{F}_{\mathrm{T}}$和位置格式$\mathbb{F}_{\mathrm{L}}$。接下来，B 设置$g = g_2, \varphi = g_3, w = g_1, \eta = g_2^{1/\beta}$，$h = g_1^{\beta}, \zeta = e(g_1, g_2)^{\alpha}$，并随机选取$\lambda, \mu \in Z_{n'}^*$。定义哈希函数$H_0, H_1: \{0,1^* \to G_{s'}\}$，$H_2: \{G_T \to Z_n^*\}$。具体地，$H_0$可看作一个随机预言机，工作过程如下：首先维护一个

初始化空表；当用户身份 gid 在 H_0 上查询时，若 gid 以前没在该预言机上进行过查询，则 B 选取随机值 $d_i \in Z_n^*$，并将条目（gid，H_0(gid) $= g^{d_i}$）添加到维护表里，同时返回 g^{d_i} 作为查询结果；否则，该预言机直接返回之前的查询结果 H_0(gid) $= g^{d_i}$。类似地，H_1 也可看作另一个随机预言机：针对时间属性 A_i，如果 $H_1(A_i)$ 已经在其维护的查询表里，则直接返回查询结果；否则模拟器 B 随机选取 $a_i \in \mathbb{Z}_n^*$，并将记录 $H_1(A_i) = g^{a_i}$ 添加到查询表里。此外，对于方案中设定的位置服务器 $\mathrm{LS}_k(k \in 1,2,\cdots,L)$，模拟器 B 选取随机数 $\gamma_k \in \mathbb{Z}_n^*$，并设置位置服务器公钥 $\mathrm{PK}_{\mathrm{Loc}_k} = \{\mathbb{F}_{\mathrm{Loc}_k}, l_{\mathrm{Loc}_k} = w^{\gamma_k}\}$。最终，模拟器 B 发送 PK 给敌手 A。

系统公共参数为 $\mathrm{PK} = (S_N, g, \eta, w, h, \zeta, \varphi, \lambda, \mu, H_0, H_1, H_2, \{\mathrm{PK}_{\mathrm{Loc}_k}\}_{k \in \{1,2,\cdots,L\}})$。

查询阶段 1：在该阶段，模拟器 B 执行敌手 A 发来的私钥查询请求。首先，敌手 A 模拟器向 B 发送对应的用户属性集 S_{u} 和访问时间范围 $T_{\mathrm{u}} = [t_a, t_b]$。需要说明的是，用户属性集 S_{u} 不满足挑战结构 T^* 的属性要求。模拟器 B 收到查询请求后，选择 $u_j \in Z_n^*$ 并生成 $D = (C \cdot g^{\alpha})^{1\beta}, D' = w^{u_j}$。其中隐含设置了 $C = g^{(d_i+1)u_j}$，H_0(gid) $= g^{d_i}$。针对每个属性 $A_i \in S_{\mathrm{u}}$，B 随机选取 $u_j \in \mathbb{Z}_n^*$ 并构造 (D_i, D_i') 为：$D_i = C \cdot H_1(A_i)^{r_i} = C \cdot (g^{a_i})^{r_i}, D_i' = B^{r_i}$。针对时间范围 $T_{\mathrm{u}} = [t_a, t_b]$，模拟器 B 构造 (D_t, D_t', D_t'') 为 $D_t = C \cdot (g^{a_t})^{r_t}, D_t' = B^{r_t}, D_t'' = \varphi^{r_t \lambda^{t_a} \mu^{Z - t_b}}$，其中 $a_t, r_t \in \mathbb{Z}_n^*$。最后，模拟器 B 发送私钥 $(D, D'; D_i, D'_{iA_i \in S_{\mathrm{U}}}, (D_t, D_t', D_t''))$ 给敌手 A。

接下来定义两个函数：PolySat 和 PolyUnsat。

函数 PolySat(T_x, s_x) 表示为满足的访问子树 T_x（根节点为 x）中的所有节点设置相应的多项式。如果节点 x 与时间陷门相关联，则随机选取 $t_x^0 \in \mathbb{Z}_n^*$；否则设置 $t_x^0 = 0$。如果 x 与位置陷门关联，则随机选取 $l_x^0 \in \mathbb{Z}_n^*$；否则设置 $l_x^0 = 0$。该函数首先为节点 x 随机选取多项式 q_x（多项式的最高次数取决于该节点对应的逻辑门），满足条件 $q_x(0) = s_x - t_x^0 - l_x^0$。针对 x 的每个孩子节点 y，则递归调用函数 PolySat(T_y, s_y)，其中 $s_y = q_x(\mathrm{index}(y))$。

函数 PolyUnsat(T_x, g^{s_x}) 表示为不满足的访问子树 T_x（根节点为 x）中的所有节点设置相应的多项式。首先为节点 x 随机选取多项式 q_x（多项式的最高次数取决于该节点对应的逻辑门），然后设置 $g^{q_x(0)} = g^{s_x} g^{-t_x^0} g^{-l_x^0} = g^{s_x - t_x^0 - l_x^0}$。需要说明的是，$t_x^0$ 和 l_x^0 的取值方法同函数 PolySat(T_x, s_x) 中的取值方法类似。针对 x 的每个孩子节点 y，如果满足以 y 为根节点的子树，则调用函数 PolySat$(T_y, q_x(\mathrm{index}(y)))$；否则调用 PolyUnsat($T_y, g^{q_x(\mathrm{index}(y))}$)。

针对挑战访问结构 T^*,模拟器 B 运行 PolySat(T^*, A),其中 A 为 DBCo - CDH 元组中的对应元素。

挑战:敌手 A 向 B 提交两个等长的随机消息(m_0, m_1)。然后 B 随机投掷硬币 $b \in \{0,1\}$,并根据挑战访问结构 T^* 加密消息 m_b。针对每个属性 $A_i \in S_{\mathrm{p}}$:如果 $A_i \in S_{\mathrm{u}}$,那么设置 $C_i = B^{q_i(0)}$, $C'_i = (g^{a_i})^{q_i(0)}$;否则,设置 $C_i = w^{q_i(0)}$, $C'_i = (g^{a_i})^{q_i(0)}$。假定时间陷门 T_{p} 与节点 y 相关联,则设置 $C_y = B^{t_y^0}$, $C'_y = (g^{a_t})^{t_y^0}$, $C''_y = \varphi^{t_y^0 \lambda^{t_i} \mu^{Z - t_j}}$。假定位置陷门 $L_{\mathrm{p}} = \mathrm{Loc}_k$ 与节点 z 相关联,则设置 $C_z = g^{r_z}$, $C'_z = l_z^0 + H_2(e(H_1(\mathbb{F}_{\mathrm{L}}), l_{\mathrm{Loc}_k})^{r_z})$。令 $\mathrm{TD}_{T_{\mathrm{p}}} = \{C_y, C'_y, C''_y, \mathrm{TD}_{L_{\mathrm{p}}}\} = \{C_z, C'_z\}$。最终,B 生成密文 CT 如下:

$$\mathrm{CT} = \left(T^*, m_b \cdot \frac{e(C \cdot g^{\alpha}, A)}{Z}, h^s = A^{\beta}, \{C_i, C'_i\}, \mathrm{TD}_{T_{\mathrm{p}}}, \mathrm{TD}_{L_{\mathrm{p}}}\right)$$

如果 $\nu = 0$,那么 $Z = e(g,w)^{abc}$。针对挑战结构中的属性 $A_i \in (S_{\mathrm{p}} - S_{\mathrm{u}})$,可设置其对应的属性密钥为 $D_i = g^{bc} \cdot (g^{a_i})^{r_i}$, $D'_i = w^{r_i}$。对于满足挑战访问结构 T^* 的任意属性集 S,根据拉格朗日插值定理可最终恢复出秘密 $s = \sum_{A_i \in S} \lambda_i \cdot q_i(0)$。由于访问树根节点对应的秘密 s 为元素 A 的对数值,则我们可最终计算得到

$$F_R = \sum_{A_i \in S} F_i^{\lambda_t} = \sum_{A_i \in S} \left(\frac{e(D_i, C_x)}{e(D'_i, C'_x)} \right)^{\lambda_t} = (e(g,w)^{bc})^{\sum_{A_i \in S} \lambda_i q_x(0)} = e(g,w)^{abc}$$

因此,上述生成的密文为消息 m_b 加密后的随机值。如果 $\nu = 1$,那么 $Z = e(g, w)^z$ 为群 $\mathbb{G}_T$ 中的随机值且不包含消息 m_b 中的信息。

查询阶段 2:B 执行查询过程同查询阶段 1。由于该证明中已假设敌手的查询用户属性不满足挑战访问结构,因此敌手关于位置令牌的查询并不能增加其在安全游戏中攻击成功的优势。假设挑战结构中的位置陷门与节点 x 相关联,那么 B 可以将 $e(C,w)^{l_x^0}$ 作为位置令牌发送给敌手 A。

猜测:A 输出 b 的猜测 b'。如果 $b' = b$,则 B 输出 0,代表 $Z = e(g_1, g_2)^{abc}$;否则,B 输出 1,代表 $Z = e(g_1, g_2)^z$。

当 $\nu = 1$ 时,敌手不能获得关于 m_b 的任何信息,此时 $Pr[b \neq b' \mid \nu = 1] = \frac{1}{2}$。由于当 $b \neq b'$ 时,B 猜测 $\nu' = 1$,因此 $Pr[\nu' = \nu \mid \nu = 1] = \frac{1}{2}$。当 $\nu = 0$ 时,密文是加密 m_b 后产生的,此时敌手 A 的优势为 ε,故 $Pr[b = b' \mid \nu = 0] = \frac{1}{2} + \varepsilon$。由于当 $b = b'$

时,B 猜测 $\nu'=0$,因此 $Pr[\nu'=\nu|\nu=0]=\frac{1}{2}+\varepsilon$。故 B 在安全游戏中攻击成功的优势为

$$\frac{1}{2}(Pr[\nu'=\nu|\nu=0]+Pr[\nu'=\nu|\nu=1])-\frac{1}{2}=\frac{1}{2}\left(\frac{1}{2}+\varepsilon+\frac{1}{2}\right)-\frac{1}{2}=\frac{1}{2}\varepsilon$$

即 B 能以不可忽略的优势 $\frac{1}{2}\varepsilon$ 攻破 DBCo – CDH 困难问题,这与困难问题假设相矛盾。

对于第二类敌手 A,其访问位置不满足访问结构中的空间约束条件。

定理 2.2　如果 DBCo – CDH 困难假设成立,那么不存在具有多项式时间计算能力的第二类敌手 A 在选择安全下能以不可忽略的优势攻破本章所提出的 TSC – ABAC 方案。

证明:假设敌手 A 能以不可忽略的优势 ε 选择性地攻破本章提出的 TSC – ABAC 方案,那么我们同样可以构造模拟器 B 以不可忽略的优势攻破 DBCo – CDH 困难假设。

初始化:A 选择挑战访问结构 T^* 并发送给 B。需要说明的是,属性集 S_{p}、时间策略 $T_p=[t_i,t_j]$ 以及位置策略 $L_{\mathrm{P}}=\mathrm{Loc}_K$ 均包含在 T^* 中。

系统建立:该阶段的构造过程与定理 2.1 证明中系统建立阶段基本相同。不同之处在于针对位置服务器的公钥信息。针对 T^* 中所涉及的位置 $L_{\mathrm{p}}=\mathrm{Loc}_k$,$B$ 设置 $\mathrm{PK}_{\mathrm{Loc}_k}=\{\mathbb{F}_{\mathrm{Loc}_k},l_{\mathrm{Loc}_k}=\mathrm{B}\}$。针对其他位置服务器,B 设置 $\{\mathrm{PK}_{\mathrm{Loc}_k}\}_{k\in\{1,2,\cdots,L\}\wedge(k\neq K)}=\{\mathbb{F}_{\mathrm{Loc}_k},l_{\mathrm{Loc}_k}=w^{\gamma_k}\}_{k\in\{1,2,\cdots,L\}\wedge(k\neq K)}$。其中 $\gamma_k\in\mathbb{Z}_n^*$。最终 B 发送公共参数 PK 给敌手 A。

查询阶段 1:该阶段的过程与定理 2.1 证明中查询阶段 1 相同。

挑战:A 向 B 提交两个等长的随机消息 (m_0,m_1)。然后 B 随机抛投硬币 $b\in\{0,1\}$ 并加密消息 m_b,密文构造过程与所提方案的加密算法基本相同。区别之处在于处理访问树中与位置陷门有关的节点上。考虑以下两种情况:

(1)如果节点 z 与位置 Loc_K 相关联,则 B 设置 $H_1(\mathbb{F}_{\mathrm{Loc}_k})=C$。然后 B 随机选取 $r_z\in\mathbb{Z}_n^*$ 并设置 $C_z=A\cdot w^{r_z}$,$C'_z=l_z^0+H_2(Z\cdot e(B,C)^{r_z})$。

(2)如果节点 z' 与其他位置 $\{\mathrm{Loc}_K\}_{k\in\{1,2,\cdots,L\}\wedge(k\neq K)}$ 相关联,则 B 随机选取 $r_{z'}$ 并设置 $C_{z'}=w^{r_{z'}}$,$C'_{z'}=l_{z'}^0+H_2(e(g^{a_{\mathrm{Loc}_K}},w^{\gamma_k})^{r_{z'}})$。其中 $H_1(F_{\mathrm{Loc}_k})=g^{a_{\mathrm{loc}_K}}$。

如果 $v=0$,则 $Z=e(g_1,g_2)^{abc}=e(g,w)^{abc}$。针对与位置 Loc_K 关联的节点 z,位置陷门信息如下:

$$C_z=A\cdot w^{r_z}=w^{a+r_z}$$

$$
\begin{aligned}
C_z' &= l_z^0 + H_2(Z \cdot e(B,C)^{r_z}) \\
&= l_z^0 + H_2(e(B,C)^a \cdot e(B,C)^{r_z}) \\
&= l_z^0 + H_2(e(C,B)^{a+r_z}) \\
&= l_z^0 + H_2(e(H_1(F_{\mathrm{Loc}_K}),B)^{a+r_z})
\end{aligned}
$$

如果 $v=1$，则 $Z=e(g_1,g_2)^z=e(g,w)^z$ 为群 $\mathbb{G}_T$ 中的随机元素，进一步推出 C_z' 和 $l_z^0 \in \mathbb{Z}_n^*$，均为随机值。故 CT 中不包含关于 m_b 的任何信息。

查询阶段 2：B 执行查询过程同查询阶段 1。此外，A 还可以请求位置令牌查询（不包含位置 Loc_K）。然而，即使 B 发送给 A 关于位置 $\{\mathrm{Loc}_K\}$ $k\in\{1,2,\cdots,L\} \wedge (k\neq K)$ 的令牌信息 $l_{z'}^0$，这对于敌手 A 获取真正有用的秘密信息 l_z^0（与位置 Loc_K 相关）也没有任何帮助。

猜测：A 输出关于 b 的猜测 b'。如果 $b'=b$，那么 B 输出 0，表示 $Z=e(g_1,g_2)^{abc}$；否则，B 输出 1，表示 $Z=e(g_1,g_2)^z$。

当 $\nu=1$ 时，敌手 A 没有获得任何关于 m_b 的有用信息，可知 $Pr[b\neq b' \mid \nu=1]=\frac{1}{2}$，进一步推出 $Pr[\nu'=\nu \mid \nu=1]=\frac{1}{2}$。当 $\nu=0$ 时，密文的输出是有效的。此时，A 攻击成功的优势为 ε，故 $Pr[b=b' \mid \nu=0]=\frac{1}{2}+\varepsilon$。进一步可推导出 $Pr[\nu'=\nu \mid \nu=0]=\frac{1}{2}+\varepsilon$。故模拟器 B 攻击成功的优势为

$$
\frac{1}{2}(Pr[\nu'=\nu \mid \nu=0]+Pr[\nu'=\nu \mid \nu=1])-\frac{1}{2}=\frac{1}{2}\left(\frac{1}{2}+\varepsilon+\frac{1}{2}\right)-\frac{1}{2}=\frac{1}{2}\varepsilon
$$

即 B 能以不可忽略的优势 $\frac{1}{2}\varepsilon$ 攻破 DBCo－CDH 困难问题，这与困难问题假设相矛盾。

对于第三类敌手 A，其访问时间不满足访问结构中的时间约束条件。由于敌手没有有效的时间属性密钥，因此在数据解密过程中无法重构出有效的 F_x^{time}，进而无法解密得到真正的明文消息。接下来，将证明敌手无法私自扩大其访问时间权限。

定理 2.3　给定一个基于 RSA－type 双线性群系统 S_N 上的多元组 $N,\varphi,\lambda,\mu,[t_a,t_b],\varphi^{r_t\lambda^{t_a}\mu^{Z-t_b}}$。如果 RSA 假设成立，在 $t_a>t_a'$ 或 $t_b<t_b'$ 条件下，在多项式时间内计算（$[t_a',t_b'],\varphi^{r_t\lambda^{t_a'}\mu^{Z-t_b'}}$）是困难的。

证明　首先考虑 $t_a>t_a'$ 的情况。假设存在多项式时间算法 A 以 $N,\varphi,\lambda,\mu,[t_a,$

$t_b]$,$\varphi^{r_t\lambda^{t_a}\mu^{Z-t_b}}$作为输入,其输出为$([t'_a,t_b],\varphi^{r_t\lambda^{t'_a}\mu^{Z-t_b}})$。那么我们可以构造一个多项式时间算法 B 能攻破 RSA 假设。算法 B 描述如下:

(1)给定算法 B 一个 RSA 困难问题,包括公钥$(\mathbb{G},N,e)$和密文 C。然后 B 调用算法 A,给 A 的输入为$(N,\varphi,\lambda=e,\mu,[t_a,t_b],\mathrm{C})$。其中$[t_a,t_b]$为随机选取的整数区间,$\varphi=C^{r_t}$为群 $\mathbb{G}$ 中的随机元素。

(2)如果 A 返回输出结果$([t'_a,t_b],R)$,那么 B 检查条件$t_a-t'_a-1\geqslant0$和$R^{\lambda^{t_a-t'_a}}=\mathrm{C}$是否同时成立;若不成立,则算法 B 重复步骤(1)。

(3)B 计算$m=R^{e^{t_a-t'_a-1}}\in\mathbb{G}$并输出明文 m。此时算法 B 的输出是有效的,其原因是$m^e=R^{e^{t_a-t'_a}}=R^{\lambda^{t_a-t'_a}}=\mathrm{C}$。

如果 A 是一个概率多项式时间算法,则 B 也是一个概率多项式,时间算法可解决 RSA 困难问题。由于不存在可以解决 RSA 问题的多项式时间算法,因此算法 A 在多项式时间内输出$([t'_a,t_b],\varphi^{r_t\lambda^{t'_a}\mu^{Z-t_b}})$是困难的。类似地,当$t_b<t'_b$时,多项式时间算法 A 从$(N,\varphi,\lambda,\mu,[t_a,t_b],\varphi^{r_t\lambda^{t_a}\mu^{Z-t_b}})$推导出$([t_a,t'_b],\varphi^{r_t\lambda^{t_a}\mu^{Z-t'_b}})$在计算上是不可行的。

接下来讨论如下情况:用户 gid_1具有时间段$[t_a,t_b]$内的访问权限,用户 gid_2具有时间段$[t'_a,t'_b]$内的访问权限。当$t'_a<t_a<t_b<t'_b$时,用户 gid_1能否利用用户 gid_2的时间属性密钥扩大其未被授权的访问时间权限?

假定用户 gid_1的时间属性密钥为

$$\mathrm{DK}_{\mathrm{gid}_1}=\{D_t=(gH_0(\mathrm{gid}_1))^{u_1}H_1(A_t)^{r_t},D'_t=w^{r_t},D''_t=(v_{t_a,t_b})^{r_t}\}$$

用户 gid_2的时间属性密钥为

$$\mathrm{DK}_{\mathrm{gid}_2}=\{D_t=(gH_0(\mathrm{gid}_2))^{u_2}H_1(A_t)^{r'_t},D'_t=w^{r'_t},D''_t=(v_{t'_a,t'_b})^{r'_t}\}$$

为了获取更大的时间访问权限,用户 gid_1 期望能推导出新的时间属性密钥

$$\widetilde{\mathrm{DK}_{\mathrm{gid}_1}}=\{\widetilde{D_t}=(gH_0(\mathrm{gid}_1))^{u_1}\cdot H_1(A_t)^{r'_t},\widetilde{D'_t}=w^{r'_t},\widetilde{D''_t}=(v_{t'_a,t'_b})^{r'_t}\}$$

下面将证明推导出新的时间属性密钥在多项式时间内是困难的。

定理 2.4 给定 RSA - type 双线性群系统 S_N。如果 Co - CDH 困难假设成立,那么不存在多项式时间算法可从用户的时间属性密钥中推导出$H_1(A_t)^{r_t}$。

证明 假定 w 为群 $\mathbb{G}$ 的生成元。令$(gH_0(\mathrm{gid}))^u=w^\varepsilon$,$H_1(A_t)=w^\delta$,$v_{t_a,t_b}=w^\sigma$,那么 $\mathrm{DK}_{\mathrm{gid}}$可被描述为$(D_t=w^{\varepsilon+\delta r_t},D'_t=w^{r_t},D''_t=w^{\sigma r_t})$。现在将问题转化为求解如何从$(w,w^{r_t},w^\delta,w^{\varepsilon+\delta r_t})$推导出$(w^\varepsilon,w^{\delta r_t})$。如果存在多项式时间算法 A 可以破解该问题,那么我们同样可以构造另一个多项式算法 B 去破解 Co - CDH 困难假设。构造过程如下:

(1)给定 B 输入(g_1, g_1^x, g_2, g_2^y)。然后 B 调用算法 A,给 A 的输入为$(w = g_1, w^{r_t} = g_1^x, w^{\delta} = g_2^y, w^{\varepsilon+\delta r_t} = g_2^{\zeta})$。其中 ζ 为一个随机整数。

(2)如果 A 返回输出结果(R_1, R_2),那么 B 检查条件 $R_1 \cdot R_2 = g_2^{\zeta}$和 $e(g_1, R_2) = e(g_1^x, g_2^y)$是否同时成立;若不成立,则算法 B 重复步骤(1)。

(3)B 返回 R_2作为输出结果。需要说明的是,算法 B 的输出是有效的,其原因是 $R_2 = g_2^{xy}$。

如果 A 是一个概率多项式时间算法,则 B 也可在多项式时间内解决 Co - CDH 困难问题。然而不存在多项式时间算法可以解决 Co - CDH 问题,这与假设相矛盾。

定理 2.5 如果 TSC - CP - ABE 方案具有选择性抗选择明文攻击(chosen plaintext attack,CPA)安全,那么所构造的 ETSC - CP - ABE 扩展方案也具有选择性 CPA 安全。

证明 假设存在多项式时间敌手 A 能以不可忽略的优势 ε 攻破 ETSC - CP - ABE 扩展方案,那么我们可以构造一个模拟器 B 以同样的优势攻破 TSC - CP - ABE 方案。

初始化:模拟器 B 首先收到敌手 A 提交的挑战访问结构 T^*,然后将其发送给 TSC - CP - ABE 挑战者 C。

系统建立:模拟器 B 收到挑战者 C 发来的公开参数 PK = $(S_N, g, \eta, w, h, \zeta, \varphi, \lambda, \mu, H_0, H_1, H_2, \{\mathrm{PK}_{\mathrm{Loc}_k}\})$后,将 PK 发送给敌手 A。

查询阶段 1:B 首先初始化一个空表 T 和空的集合 D。敌手 A 可多次执行如下查询:

* KeyGen 查询:模拟器 B 首先收到敌手 A 发来的属性集 S_{Attr}和访问时间范围 $A_t = [t_a, t_b]$,然后将该查询条件发送给 C 并获得私钥 $\mathrm{SK}_S = \{\mathrm{SK}_{\mathrm{Attr}}, \mathrm{DK}_{[t_a,t_b]}\}$。接下来,B 设置 $D = D \cup \{S\}$ 核并发送私钥 SK_S 给 A。需要说明的是,A 发来的私钥查询条件不能满足挑战访问结构。

* LocTokenGen 查询:模拟器 B 收到敌手 A 发来的位置陷门 $\mathrm{TD}_{\mathrm{Loc}_k}$,并将其转发给 C 来获得位置令牌 $\mathrm{TK}_{\mathrm{Loc}_k}$。然后模拟器 B 发送 $\mathrm{TK}_{\mathrm{Loc}_k}$给敌手 A。

* Delegate 查询:B 收到查询条件 $S = S_{\mathrm{Attr}} \cup A_t$ 后,首先在表 T 中搜索条目$(S, \mathrm{SK}_S, \widetilde{\mathrm{SK}_S}, \mathrm{RK}_S)$。如果条目存在,则 B 将$\widetilde{\mathrm{SK}_S}$返回给 A。否则,B 首先向 C 执行私钥查询以获得用户私钥 SK_S,然后 B 随机选取 $Q \in \mathbb{Z}_n^*$ 并计算$\widetilde{\mathrm{SK}_{\mathrm{Attr}}} = \{\widetilde{D} = D^{1/Q}, \widetilde{D'} = D'^{1/Q}\}, \{\widetilde{D_i} = D_i^{1/Q}, \widetilde{D_i'} = D_i'^{1/Q}{}_{i \in \mathrm{S_{gid}}}\}, \widetilde{\mathrm{DK}_{[t_a,t_b]}} = \{\widetilde{D_t} = D_t^{1/Q}, \widetilde{D_t'} = D_t'^{1/Q}, \widetilde{D_t''} = D_t''^{1/Q}\}$。最

后，B 将$\widetilde{SK_S}=(\widetilde{SK_{Attr}},\widetilde{DK_{[t_a,t_b]}})$返回给 A，同时在表 T 中新增条目$(S,SK_S,\widetilde{SK_S},Q)$。

挑战：A 向 B 提交两个等长的随机消息 m_0和 m_1；然后 B 将 m_0、m_1发送给 C，并收到其返回的挑战密文 CT^*；最后，B 发送 CT^* 给 A。

查询阶段 2：与查询阶段 1 相同。

猜测：敌手 A 将猜测值 b'发送给 B，然后 B 输出 b'给 C。

如果 A 能以不可忽略的优势攻破 ETSC－CP－ABE 扩展方案，那么 B 可以同样的优势攻破 TSC－CP－ABE 方案。

2.7　性 能 分 析

1. 理论分析

本小节将对所提方案（ETSC－CP－ABE）与 CBE 方案进行性能对比分析，包括存储代价、通信代价、计算代价三个方面。为了便于表示，表 2－1 中列出后续将用到的符号。

表 2－1　使用符号说明

符号	符号描述
$l_{\mathbb{G}}$	群 $\mathbb{G}$ 中的元素大小
$l_{\mathbb{G}_T}$	群 $\mathbb{G}_T$ 中的元素大小
$l_{\mathbb{Z}_n}$	群 $\mathbb{Z}_n$ 中的元素大小
P	一次双线性配对操作
$E(\mathbb{G})$	群 $\mathbb{G}$ 中的一次幂指数运算
$E(\mathbb{G}_T)$	群 $\mathbb{G}_T$ 中的一次幂指数运算
S	加解密时涉及的用户属性集合
$\|T\|$	访问树中的叶子节点个数
$\|S_{A_t}\|$	访问树中与时间陷门相关联的节点个数
$\|S_{A_t}\|$	访问树中与位置陷门相关联的节点个数
$\|L\|$	系统中位置服务器个数

在存储方面，主要考虑用户私钥和数据密文的尺寸大小，性能结果如表 2 - 2 所示。

表 2 - 2　存储代价比较

类型	CBE 方案	本章方案
私钥尺寸	$(1+4\|S\|)\cdot l_{\mathbb{G}}$	$(5+2\|S\|)\cdot l_{\mathbb{G}}$
密文尺寸	$(1+4\|T\|)\cdot l_{\mathbb{G}}+1\cdot l_{\mathbb{G}_T}$	$(2+2\|T\|+2\|S_{A_t}\|)\cdot l_{\mathbb{G}}+1\cdot l_{\mathbb{G}_T}+1\cdot l_{\mathbb{Z}_n}$

从表 2 - 2 中可以看出，用户私钥大小与用户属性个数呈线性增长关系，密文大小与访问策略树中的属性个数也呈线性增长关系。需要说明的是，在密文尺寸方面，两个方案均分析了加密对称密钥时所生成的密文大小。对于利用对称密钥来加密用户数据所生成的密文大小，则与用户数据量成正比，在此不予考虑。此外，本章所提方案的访问策略为新型访问树结构，与 CBE 方案相比，该方案在访问树的部分节点上（此类节点个数通常远小于叶子节点数）嵌入了时间约束和位置约束条件。根据表 2 - 2 中数据分析，当用户属性个数超过 2 个时，本章所提方案的存储代价要小于 CBE 方案。

在通信和计算方面，对算法各个阶段的开销进行了分析，性能对比结果分别如表 2 - 3 和表 2 - 4 所示。

表 2 - 3　通信代价比较

类型	CBE 方案	本章方案
系统参数设置	$6\cdot l_{\mathbb{G}}+1\cdot l_{\mathbb{G}_T}+2\cdot l_{\mathbb{Z}_n}$	$(\|L\|+5)\cdot l_{\mathbb{G}}+1\cdot l_{\mathbb{G}_T}+2\cdot l_{\mathbb{Z}_n}$
用户私钥生成	$(1+4\|S\|)\cdot l_{\mathbb{G}}$	$(5+2\|S\|)\cdot l_{\mathbb{G}}$
数据加密	$(1+4\|T\|)\cdot l_{\mathbb{G}}+1\cdot l_{\mathbb{G}_T}$	$(2+2\|T\|+3\|S_{A_t}\|)\cdot l_{\mathbb{G}}+1\cdot l_{\mathbb{G}_T}+1\cdot l_{\mathbb{Z}_n}$
数据重加密	—	—
位置令牌生成	—	$2\cdot l_{\mathbb{G}}+l_{\mathbb{Z}_n}$
解密授权	$3\|S\|\cdot l_{\mathbb{G}}$	$(6+2\|S\|)\cdot l_{\mathbb{G}}$
外包部分解密	$1\cdot l_{\mathbb{G}}+1\cdot l_{\mathbb{G}_T}$	$1\cdot l_{\mathbb{G}_T}$
用户解密	—	—

表 2-4　计算代价比较

类型	CBE 方案	本章方案
系统参数设置	$1\cdot P+3\cdot E(\mathbb{G})$	$1\cdot P+(2+\|L\|)\cdot E(\mathbb{G})$
用户私钥生成	$(1+5\|S\|)\cdot E(\mathbb{G})$	$(7+3\|S\|)\cdot E(\mathbb{G})$
数据加密	$(1+4\|T\|)\cdot E(\mathbb{G})+1\cdot E(\mathbb{G}_T)$	$(2+2\|T\|+3\|S_A\|)\cdot E(\mathbb{G})+2\cdot E(\mathbb{G}_T)+1\cdot P$
数据重加密	—	$\|S_A\|\cdot E(\mathbb{G})$
位置令牌生成	—	$1\cdot P+1\cdot E(\mathbb{G}_T)+1\cdot E(\mathbb{G})$
解密授权	$(1+5\|S\|)\cdot E(\mathbb{G})$	$(5+2\|S\|)\cdot E(\mathbb{G})$
外包部分解密	$4\|S\|\cdot P+\|T\|\cdot E(\mathbb{G}_T)$	$(2\|S\|+4)\cdot P+1\cdot E(\mathbb{G})+\|T\|\cdot E(\mathbb{G}_T)$
用户解密	$1\cdot P+1\cdot E(\mathbb{G})$	$1\cdot E(\mathbb{G}_T)$

从表中结果看,两个方案的通信和计算开销均没有明显的区别。然而由于 CBE 方案仅能处理可比较属性,其适用场景没有本章所提方案灵活。需要说明的是,在计算代价方面,计算开销主要由群 $\mathbb{G}$ 和 $\mathbb{G}_T$ 中的双线性配对运算以及幂指数运算所决定。在此忽略了 $\mathbb{Z}_n$ 上的运算、哈希运算,以及群中的点乘运算,原因在于这些操作的计算效率要远高于配对和幂指数运算。此外,从表 2-4 中可以看出,由于本章方案中将数据解密的大部分运算操作转移到外包服务器上执行,极大地减少了终端用户的解密运算开销。

2. 实验测试

为了验证本章所提方案的有效性,同时对方案的时间开销有更为直观的了解,接下来将给出方案的实验仿真结果。

方案在开源代码库 JPBC 的基础上进行了仿真实现。由于所提方案基于合数阶群构造,故选取 JPBC 中的 TypeA1 参数类型,群的阶为 $n=s'n'$ 且 $|s'|=|n'|=$ 512 bit。实验运行的软件环境为 Win7 64 位操作系统,Java 版本为 1.8.0_161。硬件环境为 Intel(R) Core(TM) i5-4570CPU@3.20ghz 处理器,8 GB 内存。所有实验仿真结果均取程序运行 20 次后的平均值。

图 2-3 给出了 TSC-CP-ABE 方案各个阶段的算法运行时间。程序中假定访问树中的时间陷门和位置陷门各 1 个,同时用户属性个数依次增长(2,4,…,20)。从图中运行结果可以看出:系统建立、数据重加密以及位置令牌生成的时间开销基本是固定的,原因在于其算法计算开销与属性个数无关;而密钥生成、数据加密,以及数据解密的时间开销则与属性个数呈线性增长关系。为了进一步减少用户的解密计算开销,本章扩展方案中将解密阶段的大部分运算外包到第三方服

务器上，从而大大减少了终端用户的计算开销。扩展方案能够更好地适应于计算资源受限的终端用户。图 2－4 给出了外包服务器与终端用户的解密时间开销对比。从图中可以看出，外包解密服务器的计算开销与属性个数呈线性增长关系，而终端用户的解密时间则是固定的。原因在于终端用户在解密时仅需执行一次幂指数运算和一次除法运算。

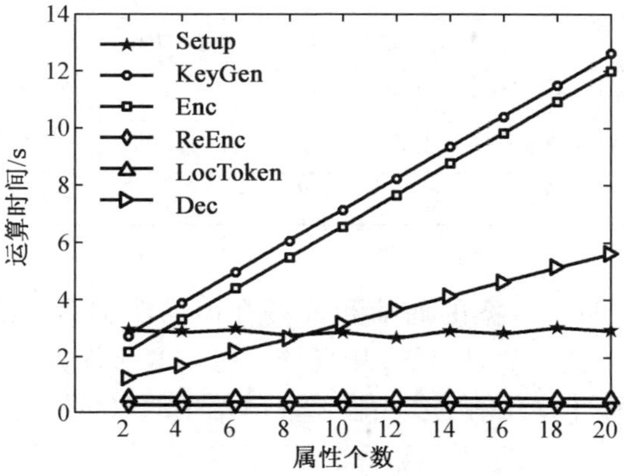

图 2－3　TSC－CP－ABE 方案的时间开销

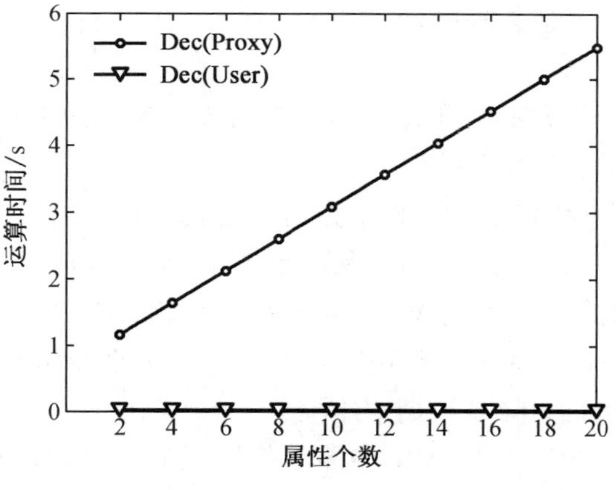

图 2－4　外包服务器与终端用户的解密时间开销对比

由于方案支持可比较的时间范围属性，而时间范围是由整数区间表示的，因此性能分析时还测试了不同大小的整数区间对方案性能的影响。在测试程序中，固定用户属性个数为 5，最大整数 Z 的取值分别为 50、100、1 000、10 000 和 100 000。

假设用户私钥具有的时间权限$[t_a, t_b]$，其中t_a为$[1, Z4]$区间内的任意值，t_b为$[3Z4, Z]$区间内的任意值；类似地，在密文中设定的时间策略为$[t_i, t_j]$，其中t_i取值在$[1, Z4]$区间内，t_j取值在$[3Z4, Z]$区间内；用户访问数据的当前时刻t_c，其取值在$[Z4, 3Z4]$区间内。

这样设置时间参数的目的是满足条件$\max(t_c - t_a, t_b - t_c) \geqslant Z4$和$\max(t_c - t_i, t_j - t_c) \geqslant Z4$，从而确保$Z$对方案的性能影响尽量体现出来。从图2－5的实验结果可以看出：Z的取值对算法执行时间几乎没有影响。

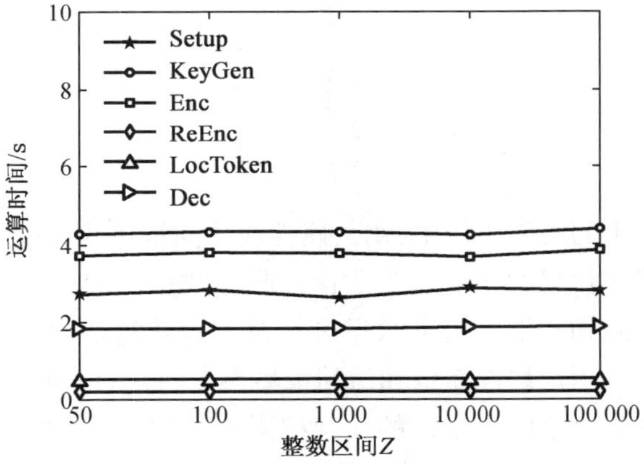

图2－5　不同整数区间对方案性能的影响

2.8　本章小结

针对用户访问数据受访问时间和空间区域约束的情况，本章提出了具有时空约束策略的CP－ABE方案。该方案在保证数据机密性的同时，除了提供细粒度的权限访问控制功能外，还支持对用户访问时空的限制条件。通过构建新型的访问策略树，可在传统访问树基础上灵活添加时间和位置的约束信息。借助多项范围衍生函数进行整数区间的快速比较，所提方案可以高效实现对时间范围属性的策略匹配。为了进一步降低用户端解密的计算开销，本章还提出了TSC－CP－ABE的扩展方案。安全性分析表明，所提方案在选择安全下可抵抗选择明文攻击。本章最后对方案性能给出了理论分析和实验测试。

第3章 支持属性撤销及策略更新的属性基加密

3.1 引 言

在属性加密技术的实际应用中,用户属性或访问策略均可能频繁发生变化,进而导致用户数据访问权限的变化。为了保证隐私数据的前向安全和后向安全,需要对用户的访问权限和云端的密文数据进行及时有效的处理。为此,本章将对密文策略属性基加密中用户属性撤销和访问策略更新问题展开研究。

可撤销问题是指对系统中用户的访问权限进行撤销,但该过程不能影响其他合法用户的正常访问。在CP-ABE环境中,每个属性通常由多个不同的用户拥有,而拥有该属性的群组成员可能频繁发生改变。如果被撤销的用户不能用旧密钥继续访问后续生成的密文,此为前向安全性;如果新加入的用户无法用当前的密钥去破解其加入以前的密文,此为后向安全性。按照撤销粒度划分,可撤销问题分为用户撤销和属性撤销两大类。用户撤销是指从系统中删除整个用户,即使用户的某一属性被撤销,该用户仍失去对系统中所有数据的访问权限;属性撤销则是指用户仅失去与被撤销属性相关的访问权限,但不影响该用户其余属性所对应的访问权限。鉴于属性撤销对用户访问权限的控制粒度更细,且通过属性撤销可方便地实现用户撤销,构建支持属性撤销功能的加密方案将是本章所要实现的目标之一。

针对外包存储的加密数据,当数据拥有者因某些因素期望改变数据的访问策略时,如何在密文存储下实现访问策略更新也是急需解决的问题。支持策略更新功能可以使数据拥有者能够灵活调整对外包存储数据的访问控制权限。为了解决该问题,一种简单的思路是:数据拥有者首先下载先前上传的密文数据;解密恢复明文消息后再根据新的访问策略加密数据;最后上传新的密文数据到云存储器。

然而,该方法中的数据下载和上传将占用大量的网络宽带,而且用户本地先解密再加密的过程也耗费巨大的存储资源和计算资源。显然,上述方法并非切实可行的理想方案。另一种解决思路是:数据拥有者将解密密钥发送给云端,由云服务器解密数据后再按照新的访问策略加密数据。该方法使得密文数据先解密后加密的计算操作转移到云端去执行,同时极大地降低了网络通信开销。然而,该方法中云服务器会解密获得明文数据,这将导致数据机密性的丧失。为此,本章将采用属性基代理重加密的机制支持策略更新功能。具体思路是:数据拥有者将代理重加密密钥发送给云端,然后云服务器利用该代理密钥将旧访问结构下加密的密文转换为新访问结构下的重加密密文。该方法中,云服务器不能根据代理密钥解密获得明文数据信息,从而保证了云端数据存储的机密性。

此外,在许多应用场景中,用户属性是由多个属性授权机构共同管理维护的。例如,在一个电子健康管理系统中,患者希望将个人的医疗诊断数据加密后授权(给"内科医生"和"医疗研究人员")访问。该场景中需要医院和临床研究中心两个属性授权机构,分别管理属性"内科医生"以及"医疗研究人员"。如果某内科医生从该医院辞职或退休,那么该人员将不再具有"内科医生"的属性,这将涉及上述讨论的属性撤销问题。同样地,当患者需要康复指导时,其希望为先前加密的医疗数据制定新的访问策略("康复科医生"和"医疗研究人员"),因此方案支持策略更新功能也是必要的。除了多属性授权机构外,本章所提方案还将支持大属性集合。该特性将使得系统中能够随时加入新的用户属性而无须重建系统,进而使方案易于系统扩展,更加具有实用性。

3.2　理论知识

3.2.1　素数阶群上的双线性映射

定义 3.1　(双线性映射)设 $\mathbb{G}$ 和 $\mathbb{G}_T$ 均是阶为素数 p 的乘法循环群。g 为群 $\mathbb{G}$ 的生成元,$e:\mathbb{G}\times\mathbb{G}\rightarrow\mathbb{G}_T$ 表示一个满足如下条件的双线性映射。

- 双线性:对于任意的 $a,b\in\mathbb{Z}_p$ 和 $g,h\in\mathbb{G}$,等式 $e(g^a,h^b)=e(g,h)^{ab}$ 成立。

- 非退化性：$e(g,g)\neq 1$。
- 可计算性：对于任意的 $g,h\in\mathbb{G}$，存在有效算法可计算得到 $e(g,h)\in\mathbb{G}_T$。

3.2.2 单调访问结构

定义 3.2 （单调访问结构）令 $\{P_1,P_2,\cdots,P_n\}$ 表示 n 个参与方的集合。访问结构 $\mathbb{A}\subseteq 2^{\{P_1,P_2,\cdots,P_n\}}\setminus\{\varphi\}$ 为参与方的非空子集的集合。在 $\mathbb{A}$ 中的集合称为授权子集，不在 $\mathbb{A}$ 中的集合称为非授权子集。对于任意的集合 B,C，如果满足 $B\in\mathbb{A}$ 和 $B\subseteq C$，则 $C\in\mathbb{A}$ 成立，那么称 $\mathbb{A}$ 为单调访问结构。在本书中，所有访问结构若无特别声明，均默认为单调访问结构。

3.2.3 线性秘密共享方案

定义 3.3 （线性秘密共享方案）对于一个参与方集合 P 上的秘密共享方案 Π，如果满足以下条件，则称 Π 为 $\mathbb{Z}_p$ 的线性秘密共享。

（1）每个参与方所具有的秘密分片构成 $\mathbb{Z}_p$ 上的一个向量。

（2）秘密共享方案 Π 中，存在一个 l 行 n 列的共享生成矩阵 $\boldsymbol{M}$。对于矩阵的每一行 $i(i=1,2,\cdots,l)$，函数 ρ 定义为标识矩阵该行的参与方 $\rho(i)$。给定列向量 $\boldsymbol{v}=(s,r_2,r_3,\cdots,r_n)$，其中 $s\in\mathbb{Z}_p$ 为待共享的秘密，$r_2,r_3,\cdots,r_n\in\mathbb{Z}_p$ 为任意选取的随机数。则 $\boldsymbol{Mv}$ 就是秘密 s 依据共享方案 Π 所分成的 l 份额，其中份额 $(\boldsymbol{Mv})_i$ 属于参与方 $\rho(i)$。

根据上述定义，每个线性秘密共享方案均具有线性重构的特性。假定方案 Π 是对访问结构 $\mathbb{A}$ 的线性秘密共享方案。令 $S\in\mathbb{A}$ 代表授权属性集合，并定义集合 $I=i|i\in\{1,2,\cdots l\},l\wedge\rho(i)\in S$。则可在多项式时间内（与矩阵 $\boldsymbol{M}$ 大小呈多项式关系）找到常量 $\{\omega_i\in\mathbb{Z}_p\}_{i\in I}$，使得如果 $\{\boldsymbol{\lambda}_i\}$ 为秘密 s 依据共享方案 Π 生成的有效份额，那么等式 $\sum\limits_{i\in I}\omega_i\boldsymbol{\lambda}_i=s$ 成立。如果 $S\notin\mathbb{A}$ 为非授权集合，则找不到满足秘密重构的常量。

3.3　形式化定义及安全模型

如图 3-1 所示为本章提出的支持属性撤销和策略更新的 CP-ABE(attribute revocation and policy updating supported on CP-ABE,ARPU-CP-ABE)方案的系统模型,其主要包括以下 5 个实体:中央授权机构(central authority,CA)、多个属性授权机构(attribute authorities,AAs)、云服务器、数据拥有者、用户。

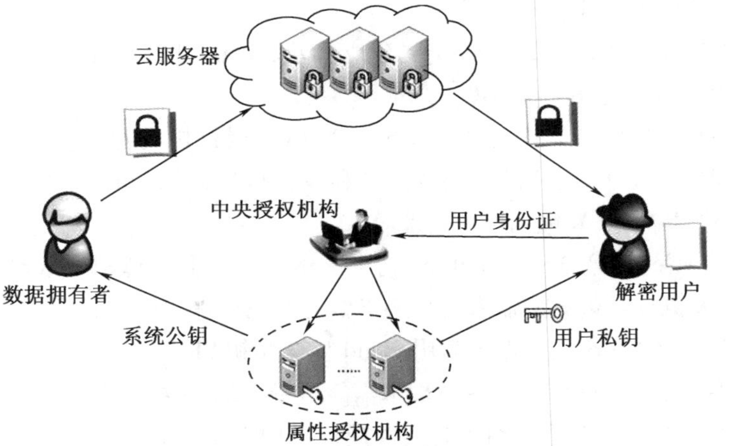

图 3-1　系统模型

中央授权机构:负责建立系统全局公开参数,同时处理来自用户和属性授权机构的注册请求。它为系统中每个用户生成一个全局的唯一身份(gid),也为每个授权机构生成全局的唯一标识(aid)。需要说明的是,CA 并不参与用户私钥的生成。

属性授权机构:每个 AA 之间都是独立存在的,各自管理对应的用户属性。系统中每个属性均由唯一的 AA 负责管理,但每个 AA 可管理多个用户属性。每个 AA 负责生成自己的公私钥对,同时根据授权管理的属性为用户产生相应的属性密钥。

云服务器:云服务器为数据拥有者提供数据存储服务,同时为用户提供数据访问服务。此外,云服务器利用其计算资源还可以为云端存储的数据执行重加密计算。在系统中,云服务器被假定为半可信(curious - but - honest)的实体,即它会诚实地执行系统合法用户所赋予的任务,并试图从所接收的数据中获取更多的信息。

数据拥有者:在上传数据到云服务器之前,数据拥有者首先制定访问策略并根据该策略加密数据。在系统中,假定数据拥有者都是可信的,并且不会故意做有损于破坏其数据机密的事情。

用户:在系统中,每个用户都被赋予一个唯一的全局身份,并根据其用户属性可从不同 AAs 里获得相应的属性密钥。用户可任意从云端服务器下载密文数据,但只有属性满足访问策略的用户才能用其私钥成功解密密文数据。

1. 形式化定义

本章提出的 ARPU - CP - ABE 方案主要包括以下 11 个多项式时间算法,各多项式时间算法的形式化描述如下。

①GlobalSetup(λ)→GP:系统全局建立算法,由 CA 执行。该算法输入安全参数 λ,输出系统全局公开参数 GP。

②AASetup(GP,aid)→(APK_{aid},ASK_{aid}):属性授权机构建立算法,由每个 AA 来执行。该算法输入为全局公开参数 GP 和授权机构标识 aid,输出为该授权机构的公钥 APK_{aid}和私钥 ASK_{aid}。

③AttrKeyGen(GP,ASK_{aid},gid,$S_{gid,aid}$)→$SK_{S,gid,aid}$:用户私钥生成算法,由属性授权机构 AA 执行。该算法输入为全局参数 GP、属性授权机构私钥 ASK_{aid}、用户身份 gid 和用户属性集 $S_{gid,aid}$,输出为用户 gid 生成私钥 $SK_{S,gid,aid}$。

④AttrGroupKeyGen(aid,x)→(KEK_{TREE_x},AGK):属性组密钥生成算法,由属性授权机构 AAs 执行。该算法输入为属性授权机构标识 aid 以及该 AA 负责管理的属性 x,算法输出为二叉密钥加密密钥树 KEK_{TREE_x}和属性 x_1 对应的组密钥 AGK。

⑤Encrypt(m,$\mathbb{A}$,GP,{APK_{aid}})→CT:数据加密算法,由数据拥有者执行。该算法输入为明文消息 m、访问结构 $\mathbb{A}$、全局公开参数 GP 以及相应属性授权机构的公钥 APK_{aid},输出为加密后生成的密文 CT。

⑥ReEncrypt(CT,AGK)→CT′:数据重加密算法,由 CS 执行。该算法输入为密文 CT 以及与密文属性相关的属性组密钥 AGK,输出为重加密密文 CT′。

⑦Decrypt(CT′,gid,GP,{AGK},{$SK_{S,gid,aid}$})→(m/⊥):数据解密算法,由用户执行。该算法输入为重加密密文 CT′、用户身份 gid、全局公开参数 GP、相应的属性组密钥 AGK 以及用户私钥 $K_{S,gid,aid}$。如果用户 gid 的属性满足访问结构 $\mathbb{A}$,则算法输出解密后的明文消息 m,否则算法输出⊥。

⑧KeyUpdate(gid,$SK_{S,gid,aid}$,u,AGK'_u)→$SK'_{S,gid,aid}$:私钥更新算法,由属性未被

撤销的用户执行。该算法输入为用户身份 gid、非撤销用户的私钥 $SK_{S,gid,aid}$、撤销属性 u,以及新的属性组密钥 AGK'_u,输出为用户 gid 更新后的私钥 $SK'_{S,gid,aid}$。当系统中某用户发生属性撤销事件时,该属性用户组中的非撤销用户将执行此算法更新各自的属性密钥。

⑨CTUpdate(CT',u,AGK'_u)$\rightarrow CT^*$:密文更新算法,由云服务器执行。该算法输入为密文 CT'、撤销属性 u 以及更新后的属性组密钥 AGK'_u,输出为更新后的密文 CT^*。当系统中发生用户属性撤销事件时,由云服务器执行该算法对相应密文进行更新。

⑩UKeyGen(GP,{APK_{aid}},EnInfo(m),$\mathbb{A}$,$\mathbb{A}'$)$\rightarrow UK_m$:更新密钥生成算法,由数据拥有者执行。该算法输入为全局公开参数 GP、属性授权机构的公钥 APK_{aid}、消息 m 按原访问结构加密时保留的部分信息 EnInfo(m)、旧访问结构 $\mathbb{A}$ 和新访问结构 $\mathbb{A}'$,输出为更新密钥 UK_m。当数据拥有者希望更新密文的访问策略时,则执行该算法。算法执行完后,数据拥有者会将生成的更新密钥 UK_m 发送给云服务器。

⑪CTUpdate2(CT',UK_m)$\rightarrow \widetilde{CT}$:密文更新算法 2,由云服务器执行。该算法输入为密文 CT'以及更新密钥 UK_m,输出为更新后的密文$\widetilde{CT}$。云服务器执行完该算法后,可由旧访问结构 $\mathbb{A}$ 加密后的密文转换为在新的访问结构 $\mathbb{A}'$加密下的密文。

算法正确性:对于任意的 GP←GlobalSetup(λ),(APK_{aid},ASK_{aid})←AASetup(GP, aid), $SK_{S,gid,aid}$ ← AttrKeyGen(GP, ASK_{aid}, gid, $S_{gid,aid}$), KEK_{TREE_x}, AGK ← AttrGroupKeyGen(aid,x),CT←Encrypt(m,$\mathbb{A}$,GP,{APK_{aid}}),CT'←ReEncrypt(CT, AGK),当且仅当条件 $S_{gid} \in \mathbb{A}$ 满足时,可以成功解密密文数据 Decrypt{CT',gid, GP,(AGK),($SK_{S,gid,aid}$)}$\rightarrow m$。

在保证算法正确性方面,除了考虑上述最基本的数据加解密操作外,还要考虑以下两种特殊情况:

(1)属性撤销

对于任意的 $SK'_{S,gid,aid}$←KeyUpdate(gid, $SK_{S,gid,aid}$, u, AGK'_u), CT^* ←CTUpdate(CT', u, AGK'_u),当条件 $S_{gid} \in \mathbb{A}$ 满足时,则 Decrypt{CT^*, gid, GP, (AGK), ($SK'_{S,gid,aid}$)}$\rightarrow m$。

(2)策略更新

对于任意的 UK_m←KeyUpdate(gid,$SK_{S,gid,aid}$,u,AGK'_u),$\widetilde{CT}$←CTUpdate2(CT',

UK_m)，当条件 $S_{gid} \in \mathbb{A}$ 满足时，Decrypt{$\widetilde{CT}$，gid，GP，(AGK)，($SK_{S,gid,aid}$)} $\rightarrow m$。

2. 安全模型

本章所提方案的安全模型为挑战者 C 和敌手 A 之间的静态（非适应性）安全游戏。所谓静态安全，是指敌手 A 在收到系统全局公开参数后立即将所有的查询请求一次性发送给 C。在安全游戏中，允许敌手指定部分被腐化的属性授权机构，被腐化的 AAs 在安全游戏结束前一直保持不变。A 和 C 之间的安全游戏描述如下。

全局公开参数：挑战者 C 首先运行 GlobalSetup(λ)$\rightarrow$GP 算法生成全局参数 GP，然后将 GP 发送给敌手 A。令 Auth 表示所有属性授权机构的集合。

敌手的查询请求：敌手 A 选择被腐化的属性授权机构 $Auth_C \subset Auth$，则未被腐化的授权机构集合为（Auth − $Auth_C$）。接下来敌手 A 执行如下的查询。

• 授权机构公钥查询：针对未腐化的授权机构 $\{APK_{aid}\}_{aid \in (Auth - Auth_C)}$，A 向 C 查询授权机构的公钥。针对腐化的授权机构 $Auth_C$，A 可以自己生成授权机构公钥 $\{APK_{aid}\}_{aid \in Auth_C}$。

• 用户私钥查询：A 向 C 提交多个属性集（gid，$S_{gid,aid}$）进行私钥查询。其中 gid 代表用户身份，$S_{gid,aid}$为用户的属性集且由授权机构 aid 负责管理。不失一般性，对于由腐化授权机构所管理的用户属性集合，敌手不需要对这些属性进行私钥查询（属性密钥可由 A 自己生成）。

• 加密查询：A 向 C 提交两个等长的随机消息 m_0, m_1，以及 q 个挑战访问结构 $\{(M_1^*, \rho_1^*), (M_2^*, \rho_2^*), \cdots, (M_q^*, \rho_q^*)\}$。需要说明的是，用户进行私钥查询时的属性和 $Auth_C$所管理的属性的并集均不能满足这些挑战访问结构。

• 私钥更新查询：A 提交（用户，属性集）（gid，$S_{gic,aid}$）以及撤销属性 u。

• 更新密钥查询：A 提交挑战消息 m_0, m_1，以及两个访问结构（M_i^*, ρ_i^*）和（M_j^*, ρ_j^*）。其中，$i \neq j$ 且 $i, j \in [1, q]$。

挑战者的查询响应：挑战者 C 随机选取 $b \in \{0,1\}$，并响应敌手的查询请求如下。

• 授权机构公钥查询的回复：对于所有未被腐化的授权机构 aid $\in$（Auth − $Auth_C$），C 运行算法 AASetup(aid)$\rightarrow$(APK_{aid}，ASK_{aid})来获得授权机构的公钥和私钥，然后 C 将授权机构公钥 APK_{aid}发送给 A。

• 用户私钥查询的回复：对于所有的用户属性集 $x \in S_{gid,aid}$和授权机构 aid $\in$（Auth − $Auth_C$），C 运行算法 AttrKeyGen(GP，ASK_{aid}，gid，$S_{gid,aid}$)$\rightarrow SK_{S,gid,aid}$并发送

私钥 $SK_{S,gid,aid}$给 A。此外，C 运行算法 AttrGroupKeyGen(aid,x)→(KEK_{TREE_x},AGK)并发送路径密钥 $PATH_{gid}$给拥有属性 $x \in S_{gid,aid}$的用户 gid。需要说明的是，$PATH_{gid}$隐含在二叉密钥加密密钥树 KEK_{TREE_x}中。

• 加密查询的回复：C 运行算法 Encrypt(m, $\mathbb{A}$, GP, {APK_{aid}})→CT 和 ReEncrypt(CT,AGK)→CT′。然后，C 在所有的挑战访问结构(M_1^*,ρ_1^*),(M_2^*,ρ_2^*),…,(M_q^*,ρ_q^*)下依次加密消息 m_b。最后，C 将加密生成的所有挑战密文{CT_1',CT_2',…,CT_q'}均发送给 A。

• 私钥更新查询的回复：针对查询条件(gid,$S_{gid,aid}$,u)，C 首先执行对(gid,$S_{gid,aid}$)的私钥查询并生成私钥 $SK_{S,gid,aid}$。然后，C 运行算法 KeyUpdategid,$SK_{S,gid,aid}$,u,AGK_u'→$SK_{S,gid,aid}'$并发送更新后的用户私钥$SK_{S,gid,aid}'$给 A。

• 更新密钥查询的回复：针对挑战消息 m_0,m_1和两个不同的访问结构(M_i^*,ρ_i^*),(M_j^*,ρ_j^*),C 首先执行算法 Encrypt(m_b,(M_i^*,ρ_i^*),GP,{APK_{aid}})并保留对 m_b 加密时的信息 EnInfo(m_b),然后运行算法 UKeyGenGP,APK_{aid}(m_b),(M_i^*,ρ_i^*),(M_j^*,ρ_j^*)→UK_{m_b}并发送更新密钥 UK_{m_b}给 A。

猜测：A 输出 b 的猜测 b'。

敌手 A 在上述游戏中的优势定义为 $Pr[b'=b]-\frac{1}{2}$。

定义 3.4　如果对于任意的多项式时间敌手在上述安全游戏中的优势均是可忽略的，那么本章所提方案在随机预言机模型下具有静态(非适应性)安全。

3.4　ARPU - CP - ABE 方案设计

本节接下来将描述 ARPU - CP - ABE 方案的设计细节。

1. 初始化设置

该阶段包括系统全局建立 GlobalSetup 算法和属性授权机构建立 AASetup 算法。

• GlobalSetup(λ)→GP 该算法输入安全参数 λ，由 CA 执行。CA 选取双线性映射 $e:\mathbb{G}\times\mathbb{G}\to\mathbb{G}_T$，其中 $\mathbb{G}$ 和 $\mathbb{G}_T$ 是阶为素数 $p\in\Theta(2^\lambda)$的乘法循环群。设 g 为群 $\mathbb{G}$ 的生成元。令 U 代表系统中的用户属性全集，Auth 代表系统中所有属性授权机构的全集，GID 代表系统中所有用户身份的全集。此外，定义三个哈希函数：H,F

和 T。其中函数 H 可将用户身份 $gid \in GID$ 映射到群 $\mathbb{G}$ 中的元素，函数 F 将用户属性 $i \in U$ 映射到群 $\mathbb{G}$ 中的元素，函数 $T: U \rightarrow Auth$ 则是根据属性找到负责该属性的授权机构。最终，算法输出全局公开参数如下：$GP = (\mathbb{G}, \mathbb{G}_T, p, e, g, e(g,g), U, Auth, GID, H, F, T)$。

● $AASetup(GP, aid) \rightarrow (APK_{aid}, ASK_{aid})$：该算法由每个 AA 执行。对于标识为 $aid \in Auth$ 的 AA，首先选取两个随机数 $\alpha_{aid}, y_{aid} \in \mathbb{Z}_p$，然后设置授权机构私钥为 $ASK_{aid} = \{\alpha_{aid}, y_{aid}\}$，对应的授权机构公钥为 $APK_{aid} = \{e(g,g)^{\alpha_{aid}}, g^{y_{aid}}\}$。

2. 密钥生成

该阶段包括用户私钥生成 AttrKeyGen 算法和属性组密钥生成 AttrGroupKeyGen 算法。

● $AttrKeyGen(GP, ASK_{aid}, gid, S_{gid,aid}) \rightarrow SK_{S,gid,aid}$：该算法由标识为 aid 的属性授权机构执行。假定用户 gid 拥有属性集 $S_{gid,aid}$，并向授权机构 aid 请求自己的私钥。对于每个属性 $i \in S_{gid,aid}$，该算法首先随机选取 $t_i \in \mathbb{Z}_p$，然后计算 $K_{gid,i} = g^{\alpha_{aid}} H(gid)^{y_{aid}} F(i)^{t_i}$ 和 $K'_{gid,i} = g^{t_i}$。最后，算法输出用户私钥 $SK_{S,gid,aid} = \{K_{gid,i}, K'_{gid,i}\}_{i \in S_{gid,aid}}$。

● $AttrGroupKeyGen(aid, x) \rightarrow (KEK_{TREE_x}, AGK)$：假定系统中用户属性 x 由标识为 aid 的属性授权机构负责管理，该算法用于授权机构 aid 为属性 x 建立一个二叉密钥加密密钥(key encryption key, KEK)树 $TREE_x$。系统中每个属性各建立一棵状态树，目的是维护该属性组用户的成员变化关系。

假设存在属性用户组 AG_x，组内每个成员均拥有属性 x。如图 3－2 所示，属性用户组 AG_x 内的成员均绑定在叶子节点上。对于 KEK 树中的每个节点 v_j，其被赋予一个随机密钥 $KEK_j \in \mathbb{Z}_p$。对于处于叶节点上的每个组成员 u_t，该用户可获得从所处叶节点位置到根节点路径上的所有随机密钥(称为路径密钥 $PATH_t$)。仍以图 3－2 为例，用户 u_3 获得的路径密钥为 $PATH_3 = \{KEK_{10}, KEK_5, KEK_2, KEK_1\}$。此外，负责管理该属性的授权机构还将随机选取一个属性组密钥 $AGK_x \in \mathbb{Z}_p$ 并将其共享给云服务器。需要说明的是，该系统中假定云服务器不与撤销用户进行合谋。另外，密钥树节点上的 KEK 为对称密钥，用于加密属性组密钥 AGK_x。属性组成员的变动关系在本方案中是由属性授权机构维护，而不是由云服务器维护，从而避免了用户全部属性信息被云端获知。

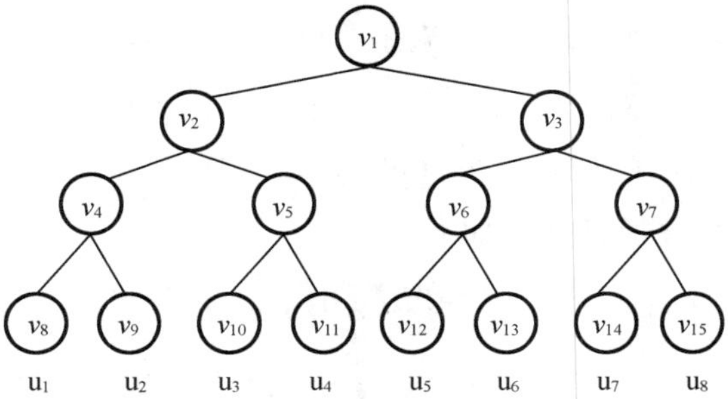

图 3-2 用于属性组密钥分发的密钥加密密钥树

3. 数据加密

在用户数据上传到云服务器前，数据拥有者首先制定访问策略，然后根据该策略对消息执行加密算法 Encrypt 后生成密文。

• Encrypt$(m, \mathbb{A}, GP, \{APK_{aid}\}) \to CT$：该算法输入明文消息 m、访问结构 $\mathbb{A} = (\boldsymbol{M}, \rho)$、系统公开参数 GP 和属性授权机构的公钥$\{APK_{aid}\}$。其中 $\boldsymbol{M}$ 为 l 行 n 列的共享生成矩阵，函数 ρ 是将矩阵每一行 $\boldsymbol{M}_i$ 映射到对应的属性 $\rho(i)$。此外，需要定义一个函数 δ，目的是将矩阵每一行映射到负责管理属性 $\rho(i)$ 的授权机构，即 $\delta(i) = T(\rho(i))$。在执行加密运算过程中，该算法首先选取随机数 $r_1, r_2, \cdots, r_l \in \mathbb{Z}_p$ 和两个随机向量 $\boldsymbol{v} = (s, v_2, \cdots, v_n)^{\mathrm{T}}, \boldsymbol{z} = (0, z_2, \cdots, z_n)^{\mathrm{T}}$。对于矩阵 $\boldsymbol{M}$ 的每一行$\boldsymbol{M}_i, i = 1, 2, \cdots, l$，计算 $\lambda_i = \boldsymbol{M}_i \boldsymbol{v}, w_i = \boldsymbol{M}_i \boldsymbol{z}$。然后计算$C_0 = m \cdot e(g, g)^s, C_{1,i} = e(g, g)^{\lambda_i} e(g, g)^{\alpha_{\delta(i)} r_i}, C_{2,i} = g^{-r_i}, C_{3,i} = g^{y_{\delta(i)} r_i} g^{w_i}, C_{4,i} = F(\rho(i))^{r_i}$。最终，算法输出密文 CT 如下：$CT = (\mathbb{A}, C_0, \{(C_{1,i}, C_{2,i}, C_{3,i}, C_{4,i})_{i \in [l]}\})$，其中$[l] = 1, 2, \cdots, l$。

4. 数据重加密

数据拥有者上传密文数据后，云服务器执行重加密算法 ReEncrypt。

• ReEncrypt$(CT, AGK) \to CT'$：对于密文访问结构 $\mathbb{A}$ 中的每个属性 $\rho(i)$，云服务器会用对应的属性组密钥 $AGK_{\rho(i)}$ 对密文 CT 进行重加密。重加密后的密文 CT′形式如下：$CT' = (\mathbb{A}, C_0, \{C_{1,i}, C_{2,i}, C_{3,i}, C'_{4,i} = (C_{4,i})^{AGK_{\rho(i)}}\}_{i \in [l]})$。

5. 数据解密

当访问用户的属性满足密文中的访问结构时，用户执行如下解密算法 Decrypt 可恢复明文消息。

• Decrypt$(CT', gid, GP, \{AGK\}, \{SK_{S,gid,aid}\}) \to (m/\perp)$：% 假定拥有属性集 S_{gid}的用户想要解密密文数据 CT′。若用户属性不满足访问结构($S_{gid} \notin A$)，算法输出

$\perp$。否则，算法可找到常量 $c_x : x \in I$，满足条件 $\sum_{x \in I} c_x M_x = (1,0,\cdots,0)$ 成立，其中 $I = \{x : \rho(x)\} \in S_{\text{gid}}$。对于每个属性 $\rho(i) \in S_{\text{gid}}$，用户 gid 首先利用其路径密钥恢复 $\text{AGK}_{\rho(i)}$，然后计算 $K^*_{\text{gid},\rho(i)} = (K'_{\text{gid},\rho(i)})^{1\text{AGK}_{\rho(i)}}$。令 $\text{SK}'_{S,\text{gid},\text{aid}} = \{K_{\text{gid},\rho(i)}, K^*_{\text{gid},\rho(i)}\}_{\rho(i) \in S_{\text{gid},\text{aid}}}$。解密算法计算如下：

$$\begin{aligned}
&\prod_{x \in I} (C_{1,x} \cdot e(K_{\text{gid},\rho(x)}, C_{2,x}) \cdot e(H(\text{gid}), C_{3,x}) \cdot e(K^*_{\text{gid},\rho(x)}, C'_{4,x}))^{c_x} \\
&= \prod_{x \in I} (e(g,g)^{\lambda_x} e(g,g)^{\alpha_{\delta(x)} r_x} \cdot e(g^{\alpha_{\delta(x)}} H(\text{gid})^{y_{\delta(x)}} F(\rho(x))^{t_x}, g^{-r_x}) \cdot \\
&\quad e(H(\text{gid}), g^{y_{\delta(x)} r_x} g^{w_x}) \cdot e(g^{t_x/\text{AGK}_{\rho(x)}}, F(\rho(x))^{r_x \cdot \text{AGK}_{\rho(x)}}))^{c_x} \\
&= \prod_{x \in I} (e(g,g)^{\lambda_x} e(H(\text{gid}), g)^{w_x}) c_x \\
&= e(g,g)^s
\end{aligned}$$

解密后的消息为 $m = C_0(g,g)^s$。

6. 属性撤销

假定某系统用户被撤销掉属性 u，相应的属性授权机构 aid（属性 u 由该授权机构管理）需要更新属性用户组 AG_u，并为该属性选择新的属性组密钥 $\text{AGK}'_u \in \mathbb{Z}_p$。同时，授权机构在该属性对应的 KEK 树中为未撤销用户选择最小覆盖集 G_u。如图 3-2 所示，假设用户 u_5 被撤销了属性 u，则属性用户组中的未撤销用户为 $\{\text{u}_1, \text{u}_2, \text{u}_3, \text{u}_4, \text{u}_6\}$，其最小覆盖集为 $G_u = \{v_2, v_{13}\}$。对于 $v \in G_u$，授权机构 aid 利用 $\{\text{KEK}_v\}$ 加密新的属性组密钥 AGK'_u。然后，授权机构发送加密消息 $\{\text{AGK}'_u\}_{\text{KEK}_{G_u}}$ 给非撤销用户，同时发送 AGK'_u 给云服务器。由于假定云服务器不能与非撤销用户合谋，因此被撤销该属性的用户无法获得更新后的属性组密钥。

为了保证云端存储数据的前向安全性，云服务器将执行算法 CTUpdate 进行密文更新。对于非撤销用户，则执行私钥更新算法 KeyUpdate，以保证对更新数据的解密权限不变。

- $\text{KeyUpdate}(\text{gid}, \text{SK}_{S,\text{gid},\text{aid}}, u, \text{AGK}'_u) \rightarrow \text{SK}'_{S,\text{gid},\text{aid}}$：假定 u 为撤销属性且 $\rho(i') = u$。对于非撤销用户 gid，首先利用所存储的路径密钥 KEK（$\text{KEK} \in (\text{KEK}_{G_u} \cap \text{PATH}_{\text{gid}})$）去解密消息 $\{\text{AGK}'_u\}_{\text{KEK}_{G_u}}$，从而恢复出新的属性组密钥 AGK'_u。对于非撤销属性，其属性组密钥保持不变。用户 gid 更新自身私钥的计算过程如下：

$$\begin{gathered}
SK'_{S,\text{gid},\text{aid}} = (K_{\text{gid},i} = g^{\alpha_{\delta(i)}} H(\text{gid})^{y_{\delta(i)}} F(\rho(i))^{t_{\rho(t)}}, \\
\forall i \in [l] \backslash \{i'\} : K^*_{\text{gid},i} = g^{t_{\rho(t)}/\text{AGK}_{\rho(t)}}, \\
i = i' : K^*_{\text{gid},i} = g^{t_{\rho(t)}/\text{AGK}'_u}
\end{gathered}$$

• $\mathrm{CTUpdate}(\mathrm{CT}',u,\mathrm{AGK}'_u)\rightarrow\mathrm{CT}^*$：假设 AGK'_u 为撤销属性 u 的更新后的组密钥，云服务器执行如下算法进行密文更新。首先，CS 随机选取两个向量 $\boldsymbol{v}'=(s',v'_2,\cdots,v'_n)^{\mathrm{T}}$ 和 $\boldsymbol{z}'=(0,z'_2,\cdots,z'_n)^{\mathrm{T}}$。对于 $i=1\in l$，选取随机数 $r'_1,r'_2,\cdots,r'_l\in\mathbb{Z}_p$，然后计算 $\boldsymbol{\lambda}'_i=\boldsymbol{M}_i\boldsymbol{v}'$，$w'_i=\boldsymbol{M}_i\boldsymbol{z}'$。更新后的密文如下：

$$\mathrm{CT}^*=(C_0e(g,g)^{s'},\{C_{1,i}e(g,g)^{\lambda'_i}e(g,g)^{\alpha_{\delta(i)}r'_i},C_{2,i}g^{-r'_i},C_{3,i}g^{y_{\delta(i)}r'_i}g^{w'_i}\}_{i\in[l]},$$
$$\{(C_{4,i}F(\rho(i))^{r'_i})^{\mathrm{AGK}_{\rho(i)}}\}_{i\in[l]\setminus\{i'\}},\{(C_{4,i}F(\rho(i))^{r'_i})^{\mathrm{AGK}'_u}\}_{i=i'})$$

7. 策略更新

访问策略更新主要涉及如下两个算法：UKeyGen 和 CTUpdate2。首先，数据拥有者执行算法 UKeyGen 并将生成的更新密钥发送给云服务器。然后，云服务器执行算法 CTUpdate2 更新密文。

• $\mathrm{UKeyGen}(\mathrm{GP},\{\mathrm{APK}_{\mathrm{aid}}\},\mathrm{EnInfo}(m),\mathbb{A},\mathbb{A}')\rightarrow\mathrm{UK}_m$：令 $\mathbb{A}=(\boldsymbol{M},\rho)$ 代表旧的访问策略，$\mathbb{A}'=(\boldsymbol{M},\rho')$ 代表新的访问策略。其中 $\boldsymbol{M}$ 是 $l\times n$ 的矩阵，$\boldsymbol{M}'$ 是 $l'\times n'$ 的矩阵。定义两个函数映射：$\{\delta(i)=T(\rho(i))\}_{i\in[l]}$ 和 $\{\delta'(j)=T(\rho'(j))\}_{j\in[l']}$。EnInfo($m$)表示在执行算法 Encrypt 加密消息 m 时所保留的相关信息，具体地，包括两个随机向量 $\boldsymbol{v},\boldsymbol{z}$。该算法首先对新旧策略进行比较，并输出三个有关矩阵行索引的集合 $I_{1,\boldsymbol{M}'},I_{2,\boldsymbol{M}'},I_{3,\boldsymbol{M}'}$。其目的是将新访问策略中的属性划分到不同的集合中。针对不同集合中的属性，产生更新密钥的方法不同。

然后，选取两个随机向量 $\boldsymbol{v}'=(s,v'_2,\cdots,v'_{n'})^{\mathrm{T}}$ 和 $\boldsymbol{z}'=(0,z'_2,\cdots,z'_{n'})^{\mathrm{T}}$，并计算 $\boldsymbol{\lambda}'_j=\boldsymbol{M}'_j\boldsymbol{v}'$ 和 $\boldsymbol{w}'_j=\boldsymbol{M}'_j\boldsymbol{z}'$。对于 $j\in[1,l']$，如果 $(j,i)\in I_{1,\boldsymbol{M}'}$，则称为 Type1 类型；如果 $(j,i)\in I_{2,\boldsymbol{M}'}$，则称为 Type2 类型；如果 $(j,0)\in I_{3,\boldsymbol{M}'}$，则称为 Type3 类型。

Type1 类型表示新访问策略中第 j 行索引所关联的属性 $\rho'(j)$，同样存在于旧的访问策略中。针对 Type1 类型中的条目 (j,i)，生成更新密钥：$\mathrm{UK}_{j,i,m}=(\mathrm{UK}^1_{j,i,m}=g^{\lambda'_j-\lambda_i},\mathrm{UK}^2_{j,i,m}=g^{w'_j-w_i})$。

Type2 类型表示其中的行索引 j 对应的属性也同时存在于新策略和旧策略之中。与 Type1 类型不同的是：如果同一属性在新策略中出现的次数比在旧策略中出现的次数多，则将该属性在新策略中出现多余的行索引（索引个数为 $(\mathrm{num}_{\rho'(j),M'}-\mathrm{num}_{\rho'(j),\boldsymbol{M}})$）标记在 Type2 里。针对该类型，首先选取随机数 $a_j\in\mathbb{Z}_p$，然后生成更新密钥：$\mathrm{UK}_{j,i,m}=(a_j,\mathrm{UK}^1_{j,i,m}=g^{\lambda'_j-a_j\lambda_i},\mathrm{UK}^2_{j,i,m}=g^{w'_j-a_jw_i})$。

Type3 类型表示行索引 j 关联的属性 $\rho'(j)$ 仅出现在新策略中。针对该类型，该算法选取随机数 $r'_j\in\mathbb{Z}_p$，然后计算生成更新密钥 $\mathrm{UK}_{j,i,m}=(\mathrm{UK}^1_{j,i,m}=g^{\lambda'_j}g^{\alpha_{\delta(j)}r'_j},\mathrm{UK}^2_{j,i,m}=g^{-r'_j},\mathrm{UK}^3_{j,i,m}=g^{y_{\delta(j)}r'_j}g^{w'_j}=F(\rho'(j))^{r'_j})$。

最后，数据拥有者将更新密钥 $UK_m = (\{UK_{j,i,m}\}_{Type1}, \{UK_{j,i,m}\}_{Type2}, \{UK_{j,i,m}\}_{Type3})$ 发送给云服务器。

• $CTUpdate2(CT', UK_m) \to \widetilde{CT}$：当云服务器接收到更新密钥 UK_m 后，执行下述更新过程对存储密文进行重加密计算。

针对 Type1 类型，密文组件C_j'更新过程计算如下：

$$C_{1,j}' = C_{1,i} \cdot e(g, UK_{j,i,m}^1) = e(g,g)^{\lambda_j'} e(g,g)^{\alpha_{\delta'(j)} r_j'}$$

$$C_{2,j}' = C_{2,i} = g^{-r_i} = g^{-r_j'}$$

$$C_{3,j}' = C_{3,i} \cdot UK_{j,i,m}^2 = g^{y_{\delta'(j)} r_j'} g^{w_j'}$$

$$C_{4,j}' = C_{4,i}' = (F(\rho(i))^{r_i})^{AGK_{\rho(i)}} = (F(\rho'(j))^{r_j'})^{AGK_{\rho'(j)}}$$

其中，$\delta(i) = T(\rho(i)) = T(\rho'(j)) = \delta'(j)$，$r_j' = r_i$。

针对 Type2 类型，密文组件C_j'更新过程计算如下：

$$C_{1,j}' = (C_{1,i})^{a_j} e(g, UK_{j,i,m}^1) = e(g,g)^{\lambda_j'} e(g,g)^{\alpha_{\delta'(j)} r_j'}$$

$$C_{2,j}' = (C_{2,i})^{aj} = g^{-r_i} = g^{-r_j'}$$

$$C_{3,j}' = (C_{3,i})^{aj} \cdot UK_{j,i,m}^2 = g^{y_{\delta'(j)} r_j'} g^{w_j'}$$

$$C_{4,j}' = (C_{4,i}')^{aj} = (F(\rho(i))^{r_i})^{AGK_{\rho(i)}} = (F(\rho'(j))^{r_j'})^{AGK_{\rho'(j)}}$$

其中，$\delta(i) = \delta'(j)$，$r_j' = a_j r_i$。

针对 Type3，密文组件C_j'更新过程计算如下：

$$C_{1,j}' = e(g, UK_{j,i,m}^1) = e(g,g)^{\lambda_j'} e(g,g)^{\alpha_{\delta'(j)} r_j'}$$

$$C_{2,j}' = UK_{j,i,m}^2 = g^{-r_j'}$$

$$C_{3,j}' = UK_{j,i,m}^3 = g^{y_{\delta'(j)} r_j'} g^{w_j'}$$

$$C_{4,j}' = (UK_{j,i,m}^4)^{AGK_{\rho'(i)}} = (F(\rho'(j))^{r_j'})^{AGK_{\rho'(j)}}$$

更新后的密文为 $\widetilde{CT} = (\mathbb{A}, C_0, \{C_{1,j}', C_{2,j}', C_{3,j}', C_{4,j}'\}_{j \in [l']})$。由于更新密钥 UK_m 仅反映了新策略和旧策略之间的关系，而没有泄露关于明文数据的更多信息。因此云服务器在执行密文更新过程中并不能获得加密数据的信息。

3.5　安全性分析

定义 3.5　(q - decisional parallel bilinear diffie - Hellman exponent, q - DPBDHE 困难假设)给定($\mathbb{G},\mathbb{G}_T,e,p,g$)，其中，群 $\mathbb{G}$ 和 $\mathbb{G}_T$ 的阶数均为素数 p，g 为群 $\mathbb{G}$ 的生成元，$e:\mathbb{G}\times\mathbb{G}\rightarrow\mathbb{G}_T$ 为双线性映射。随机选择 $s,a,b_1,b_2,\cdots,b_q\in\mathbb{Z}_p$ 和 $R\in\mathbb{G}_T$，令

$$D=(\mathbb{G},p,e,g,g^s,\{g^{a^i}\}_{i\in[2q],i\neq q+1},\{g^{b_j a^i}\}_{(i,j)\in[2q,q],i\neq q+1},\{g^{s/b_i}\}_{i\in[q]},$$
$$\{g^{sa^i b_j/b_{j'}}\}_{(i,j,j'\in[q+1,q,q],j\neq j')})$$

那么不存在多项式时间的区分器能够以不可忽略的概率将元组($D,e(g,g)^{sa^{q+1}}$)和(D,R)区分出来。

定理 3.1　假设 RW 方案基于 q - DPBDHE 困难假设在随机预言机模型下是静态安全的，那么本章所提方案在随机预言机模型下也是静态(非自适应)安全的。

在挑战者 C 和敌手 A 之间的静态安全游戏中，A 在获取系统全局公开参数后需要将所有的查询请求一次性全部发送给 C。与 RW 方案中的安全模型相比，本章的安全模型中还允许敌手执行私钥更新 KeyUpdate 查询以及更新密钥生成 UKenGen 查询。

证明　假设存在一个多项式时间敌手 A 能够以不可忽略的优势 ε 攻破本章所提方案，那么我们可以构造一个模拟器 B 能以同样的优势在随机预言机模型下攻破 RW 方案的静态安全。

全局公开参数：模拟器 B 首先从 RW 方案的挑战者 C 获得全局公开参数 GP = ($\mathbb{G},\mathbb{G}_T,p,e,g,U$, Auth, GID, H,F,T)，然后将 GP 发送给敌手 A。

静态安全：敌手 A 指定被腐化的属性授权机构 $\text{Auth}_C\subset\text{Auth}$，则未被腐化的授权机构为 $\text{Auth}_N=(\text{Auth}-\text{Auth}_C)$。然后，模拟器 B 将 A 发来的信息发送给 C。

• 属性授权机构公钥查询：对于未被腐化的授权机构 Auth_N，C 发送授权机构公钥给 B。然后 B 发送接收到的公钥给 A。

• 用户私钥查询：考虑来自敌手 A 的私钥查询条件(gid, $S_{\text{gid,aid}}$)，其中 $\text{gid}\in\text{GID}$，$S_{\text{gid,aid}}\in U$。B 首先将这些查询条件发送给 C 并获得用户私钥 $\text{SK}_{S_{\text{gid,aid}}}=\{K_{\text{gid},x},K'_{\text{gid},x\,x\in S_{\text{gid,aid}}}\}$。对于属性 $x\in S_{\text{gid,aid}}$，B 运行算法 AttrGroupKeyGen(aid, x)$\rightarrow$

(KEK_{TREE_x},AGK)生成二叉 KEK 树和属性组密钥。需要说明的是，路径密钥 $PATH_{gid}$已隐含在 KEK 树中。最后，B 发送用户私钥 $SK_{S,gid,aid}$以及对应的路径密钥 $PATH_{gid}$给敌手 A。

• 挑战密文查询：A 提交两个等长的随机消息(m_0,m_1)以及 q 个挑战访问结构(M_1^*,ρ_1^*),(M_2^*,ρ_2^*),…,(M_q^*,ρ_q^*)给模拟器 B。然后，B 发送密文查询请求给挑战者 C。接下来，C 随机选取 $b\in\{0,1\}$并根据挑战结构依次加密消息 m_b。C 将生成的挑战密文 $T_1,T_2,\cdots,CT_q$ 发送给 B。需要说明的是，$CT_i=((\boldsymbol{M}_i^*,\rho_i^*),C_{i,0},\{C_{1,x},C_{2,x},C_{3,x},C_{4,x}\}_{x\in[l_i]})$，其中$\boldsymbol{M}_i^*$ 是 $l_i\times n_i$ 的矩阵。B 收到 C 发来的挑战密文后，运行算法 AttrGroupKeyGen 并重加密密文为 $CT_i^*=((\boldsymbol{M}_i^*,\rho_i^*),C_{i,0},\{C_{1,x},C_{2,x},C_{3,x},C'_{4,x}=(C_{4,x})^{AGK_{\rho_i^*(x)}}\}_{x\in[l_i]})$。最后，B 发送密文 $T_1^*,T_2^*,\cdots,CT_q^*$ 给 A。

• 用户私钥更新查询：A 提交(用户，属性集)(gid,$S_{gid,aid}$)以及撤销属性 u，其中 gid 为属性 u 组成员中的未撤销用户。B 首先发送私钥查询条件(gid,$S_{gid,aid}$)给 C 来获得用户私钥 $SK_{S,gid,aid}$。然后，B 执行算法 KeyUpdate(gid,$SK_{S,gid,aid}$,u,AGK'_u)→$SK'_{S,gid,aid}$并发送更新后的用户私钥 $SK'_{S,gid,aid}$给 A。

• 更新密钥生成查询：A 提交挑战消息 m_0,m_1和两个访问结构($\boldsymbol{M}_i^*,\rho_i^*$)、($\boldsymbol{M}_j^*,\rho_j^*$)给 B。其中，$i\neq j$ 且 $i,j\in[1,q]$。然后，B 发送该请求给 C。接下来说明该查询请求不会增加 B 攻击 RW 方案成功的优势。由于在对挑战消息进行加密时，C 仅随机选取了一个消息 m_b，故可以认为加密 m_0和 m_1时选取的随机数是相同的。也就是说，EnInfo(m_0)=EnInfo(m_1)。然后，C 运行 UKenGen 算法并返回相同的更新密钥 UK_{m_b}，故更新密钥对于区分两个挑战消息没有任何帮助。最后，B 发送 UK_{m_b}给 A。

猜测：A 发送猜测 b'给 B，然后 B 发送 b'给 C。

如果敌手 A 能以不可忽略的优势攻破本章所提方案，则构造的模拟器 B 能在多项式时间内以相同的优势攻破 RW 方案。

3.6　性能分析

(1)理论分析

本小节将所提方案与方案[52-56]进行了对比分析,包括方案特征比较、存储代价比较以及计算开销比较。表3-1对比了各个方案之间的功能特性。从表中可以看出:方案[52]不支持由多授权机构管理用户属性的情况;方案[56]不支持属性撤销功能;方案[52-55]不支持策略更新功能;此外,表中只有本章方案支持大属性集特性(允许系统中在任意时间增加新的属性),该特性使得本章方案更加贴合实际的应用。

表3-2中列出了性能比较时将要用到的符号。表3-3和表3-4给出了方案中相关实体的存储代价。其中属性授权机构的存储负载主要是系统的主密钥,云服务器存储密文数据,数据拥有者存储系统全局参数以及授权机构的公钥,而用户则主要存储属性密钥。此外,本章方案和方案[55]还需要额外存储二叉状态树中的KEKs。

表3-5和表3-6给出了方案中各阶段算法的计算开销。从表3-5可以看出:在方案[53-54]中,系统全局建立算法GlobalSetup的计算复杂性与系统中的用户数呈线性增长关系,原因是中央授权机构在系统初始化阶段需要为每个用户均产生一个密钥。而在方案[55-56]和本章方案中,中央授权机构仅生成全局参数,故该阶段的计算代价是固定的。值得说明的是,AuthSetup算法在本章方案中的计算复杂性为常数,原因是属性授权机构产生的公私钥对的尺寸大小与属性无关;而在其余方案中,AuthSetup算法的计算复杂性与该授权机构所管理的属性个数呈线性增长关系。此外,生成用户私钥的计算代价均与用户拥有的属性数呈线性增长关系,加密和解密的计算代价则与访问策略中的属性个数线性相关。

表3-6对比了属性撤销和策略更新算法的计算开销。关于属性撤销方面,私钥更新算法KeyUpdate在方案[52,54-55]以及本章方案中的计算复杂性均与撤销属性个数呈线性增长关系。由于方案[53]中的属性授权机构会为撤销用户生成一个新的私钥,因此KeyUpdate在该方案中的计算复杂性与撤销用户所拥有的属性个数呈线性关系。针对密文更新算法CTUpdate,方案[52-55]中的计算复杂性均与撤销属性个数呈线性增长关系,原因是密文更新时仅处理与撤销属性相关的密文部分。

在本章方案中,密文更新则是利用随机化技术更新所有密文。关于策略更新方面,方案[56]和本章方案的计算复杂性相同。

表 3-1　本章方案与相关工作的功能特性比较

方案	多授权机构	大属性集	属性撤销	策略更新
YJR[52]	×	×	√	×
YJ[53]	√	×	√	×
YJR[54]	√	×	√	×
LML[55]	√	×	√	×
YJR[56]	√	×	×	√
本章方案	√	√	√	√

表 3-2　使用符号说明

符号	符号描述
$\|P\|$	群 $\mathbb{Z}_p$ 中的元素大小
$\|g\|$	群 $\mathbb{G}$ 中的元素大小
$\|g_T\|$	群 $\mathbb{G}_T$ 中的元素大小
N	系统中用户的个数
I_{A}	系统中属性授权机构的集合
n_i	授权机构 $\mathrm{AA}_i(i \in I_{\mathrm{A}})$ 所管理属性的个数
n_{r}	撤销属性的个数
n_{k}	用户自身属性的个数
n_{A}	系统中属性授权机构的个数
n_{c}	旧访问策略中的属性个数
n_{c}'	新访问策略中的属性个数
n_{d}	解密时所涉及的用户属性个数
E	一次幂指数运算
P	一次双线性配对操作

表 3-3 存储代价比较(表 A)

方案	授权机构 AA_i	云服务器
YJR[52]	$(n_i+4)\|p\|$	$(3n_c+1)\|g\|+\|g_T\|$
YJ[53]	$\|p\|$	$(n_c+1)\|g\|+\|g_T\|$
YJR[54]	$(n_i+3)\|p\|$	$(3n_c+2)\|g\|+\|g_T\|$
LML[55]	$(n_i+2)\|p\|$	$(2n_c+1)\|g\|+\|g_T\|$
YJR[56]	$2n_i\|p\|$	$n_c(2\|g\|+\|g_T\|)+\|g_T\|$
本章方案	$2\|p\|$	$n_c(3\|g\|+\|g_T\|)+\|g_T\|$

表 3-4 存储代价比较(表 B)

方案	数据拥有者	用户
YJR[52]	$(2n_i+4)\|g\|+\|g_T\|$	$(n_k+2)\|g\|$
YJ[53]	$\sum_{i\in I_A}(n_i\|g\|+\|g_T\|)$	$(n_k+1)\|g\|$
YJR[54]	$\sum_{i\in I_A}((n_i+2)\|g\|+\|g_T\|)$	$(n_k+3)\|g\|$
LML[55]	$2(\|p\|+\|g\|)+\sum_{i\in I_A}((n_i+1)\|g\|+\|g_T\|)$	$(n_k+1)\|g\|+n_A\log(N+1)\|p\|$
YJR[56]	$\|p\|+\|g\|+\sum_{i\in I_A}n_i(\|g\|+\|g_T\|)$	$n_k\|g\|$
本章方案	$\|p\|+\|g\|+\sum_{i\in I_A}n_i(\|g\|+\|g_T\|)$	$2n_k\|g\|+n_A\log(N+1)\|p\|$

表 3-5 计算开销比较(表 A)

方案	GlobalSetup	AuthSetup	KeyGen	Encrypt	Decrypt
YJR[52]	—	$O(n_i)E+O(1)P$	$O(n_k)E$	$O(n_c)E$	$O(n_d)E+O(n_d)P$
YJ[53]	$O(N)E$	$O(n_i)E$	$O(n_k)E$	$O(n_c+n_A)E$	$O(n_d)E+O(n_d+n_A)P$
YJR[54]	$O(N)E$	$O(n_i)E+O(1)P$	$O(n_k)E$	$O(n_c+n_A)E$	$O(n_d)E+O(n_d+n_A)P$
LML[55]	$O(1)P$	$O(n_i)E$	$O(n_k)E$	$O(n_c+n_A)E$	$O(n_d)E+O(n_d)P$
YJR[56]	$O(1)P$	$O(n_i)E$	$O(n_k)E$	$O(n_c)E$	$O(n_d)E+O(n_d)P$
本章方案	$O(1)P$	$O(1)E$	$O(n_k)E$	$O(n_c)E$	$O(n_d)E+O(n_d)P$

表 3-6　计算开销比较(表 B)

方案	属性撤销		策略更新	
	KeyUpdate	CTUpdate	UKeyGen	CTUpdate2
YJR[52]	$O(n_r)E$	$O(n_r)E$	—	—
YJ[53]	$O(n_k)E$	$O(n_r)E+O(1)P$	—	—
YJR[54]	$O(n_r)E$	$O(n_r)E$	—	—
LML[55]	$O(n_r)E$	$O(n_r)E$	—	—
YJR[56]	—	—	$O(n_c')E$	$O(n_c')P+O(n_c')E$
本章方案	$O(n_r)E$	$O(n_c)E$	$O(n_c')E$	$O(n_c')P+O(n_c')E$

(2)实验测试

为了验证本章所提方案的有效性和实用性,接下来给出方案的实验仿真结果。方案在 Charm 开源库的基础上进行仿真实现。选取实验参数为超奇异对称椭圆曲线群“SS512”,即在 160 bit 的椭圆曲线群上构造基于 512 bit 有限域上的超奇异曲线 $y^2=x^3+x$。实验程序运行在虚拟机平台:Vmware@ Workstation10. 0. 2 - build - 1744117,3. 2GHzIntel 处理器,2 GB 内存,以及 32 位 LinuxUbuntu12. 04 操作系统。程序开发语言为 Python。实验仿真结果均取程序运行 20 次的平均值。

图 3-3 中的子图(a,b,c)描述了当系统中具有不同数量的属性授权机构所提方案分别在私钥生成、加密及解密阶段的运行时间。其中每个属性授权机构均负责管理 5 个属性。图 3-4 中的子图(a,b,c)分别描述了当系统中授权机构负责属性个数不同时,所提方案在各阶段的运行时间。其中属性授权机构的个数固定为 5 个。从上述 6 个子图可以看出:在私钥生成、加密以及解密的任何阶段,算法运行时间均与属性个数呈线性增长关系。其中,私钥生成时间与用户拥有的属性个数呈正相关,加密时间与访问结构中的属性个数呈正相关,解密时间则与该用户满足访问策略的属性个数呈正相关。

从图 3-3(b)和图 3-4(b)可以看出:Encrypt 算法的运行时间较长,而 ReEncrypt 算法的运行时间很短。原因是数据拥有者在加密阶段的运算量较大,而云服务器在重加密阶段仅需执行少量的幂指数运算。另外,从图 3-3(c)和图 3-4(c)可以看出:PreDec 算法的运行时间较短,而 Dec 算法的运行时间很长。原因是,用户在预处理解密阶段的操作主要是恢复出属性组密钥(AGKs)、并修正部分私钥信息,而用户在密文解密时的运算因涉及大量的双线性配对操作从而导致耗时较长。

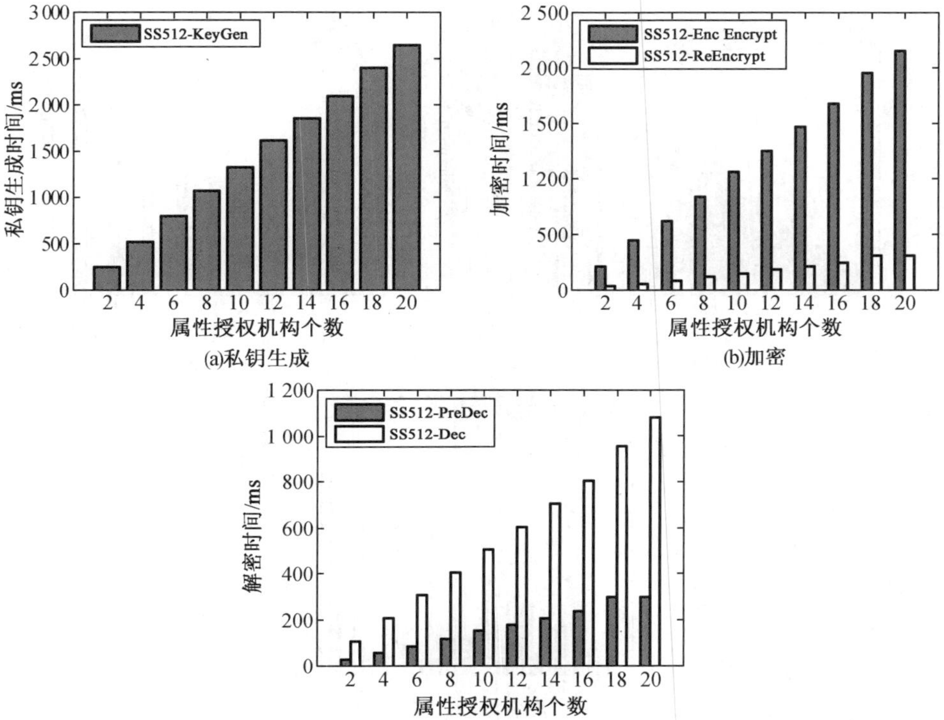

(a)私钥生成　(b)加密

(c)解密

图 3－3　方案运行时间与属性授权机构数量间的变化关系

当系统中某用户属性被撤销时，该属性组成员中的非撤销用户将执行 KeyUpdate 算法更新自己的私钥，云服务器则执行 CTUpdate 算法更新相应的密文数据。图 3－5 描述了属性撤销的运行时间与撤销的属性个数间的变化关系。在该测试中，属性授权机构的数量固定为 5，且每个 AA 管理的属性个数固定为 8。从图中可以看出：在私钥更新阶段，非撤销用户更新自身私钥的运行时间非常少。当撤销属性个数达到 20 时，用户更新自身私钥的运行时间仍不超过 60 ms。另外，在密文更新阶段，云服务器更新密文的时间几乎是相同的。原因是云服务器在该阶段会重新随机化所有密文，其计算代价与撤销属性个数无关。

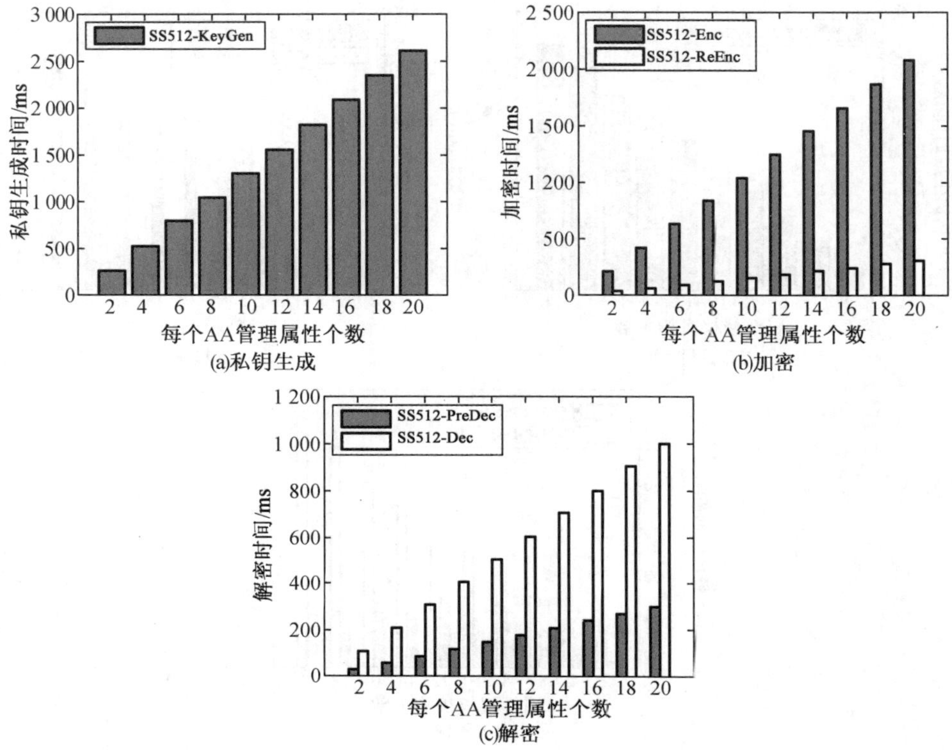

图 3-4　方案运行时间与用户属性个数间的变化关系

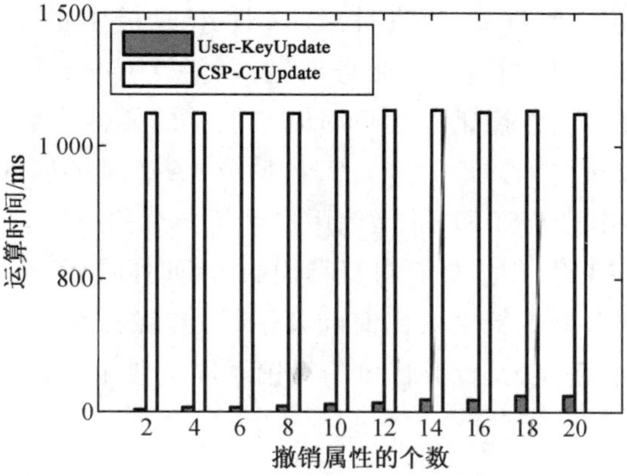

图 3-5　属性撤销的运行时间与撤销的属性个数间的变化关系

当数据拥有者希望更改密文上的访问策略时,需要先执行策略比较算法。目的是将新访问策略中的属性划分成不同的类型,便于在重加密时进行区分处理。从图 3 - 6 可以看出:针对 Type1 类型的属性(即该属性同时存在于新、旧访问策略中),数据拥有者生成更新密钥的时间及云服务器更新密文的时间均最少。针对 Type3 类型的属性(即该属性仅存在于新访问策略中),算法运行总时间最长。

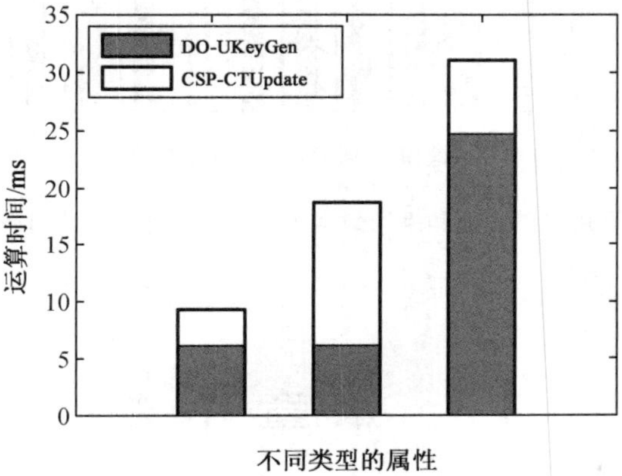

图 3 - 6　针对新访问策略中的不同类型属性,执行策略更新算法的时间开销

为了验证策略更新算法的实用性,图 3 - 7 给出了采用两种不同方式进行访问结构更新时的时间开销对比结果。一种方法是采用本章提出的策略更新算法,另一种方法是数据拥有者直接对明文消息按照新的访问策略进行加密(暂不考虑对原密文进行解密的计算开销)。在本次实验中,设定新、旧访问策略中的用户属性个数均为 10 个。从图 3 - 7 可以看出:当新、旧策略中不同属性个数越来越多时,使用策略更新算法的计算开销逐步增大;而采用对明文消息直接加密的方式,其计算代价是固定的。当新、旧策略中约有 60% 的属性不同时,采用两种不同方式生成新密文的总代价基本相同;而此时数据拥有者使用策略更新算法产生更新密钥(DO - UKenGen)的计算开销仍小于其对明文直接加密(DO - Enc)的计算开销。当新、旧策略中约有 70% 的属性不同时,数据拥有者使用这两种加密方式的计算开销基本相同。考虑在实际应用中,用户更改访问策略时的属性仍多数存在于旧的访问策略中,因此采用本章提出的策略更新算法将取得更优的性能。

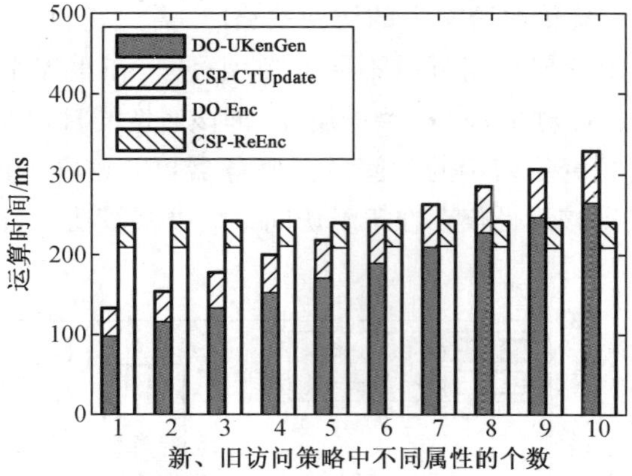

图 3－7　采用策略更新和采用数据直接加密两种方式的时间开销对比

3.7　本章小结

针对属性基加密在实际应用中可能面临的用户属性撤销及访问策略更新问题,本章基于素数阶群提出了一种支持属性撤销和策略更新功能的 CP－ABE 方案。该方案实现了对用户访问权限及密文控制策略的动态更新,保证了用户数据的前向安全性和后向安全性。与系统级的用户撤销相比,方案通过引入密钥加密密钥树结构来维护属性组成员的频繁变化关系,进而支持更细粒度的属性撤销。为了满足策略更新的需求,方案基于策略比较算法和代理重加密机制实现了对密文数据的高效更新。此外,方案因支持多属性授权机构和大规模属性集而更加贴合实际应用。安全性分析表明,所提方案在随机预言机模型下具有静态安全。本章最后对方案性能进行了理论分析和实验测试。

第 4 章　抗量子攻击的多授权机构属性基加密

4.1　引　　言

随着全球量子计算机研制的快速发展,潜在的量子计算能力会对现有密码方案的安全性构成颠覆性的威胁。因此,本章接下来研究可抵抗量子攻击的密文策略属性基加密方案。众所周知,公钥密码体制的安全性主要依赖于其基于的数论困难问题的难解性。自 1977 年基于大整数分解的 RSA 算法被提出后,许多重要的公钥密码算法被相继提出,包括基于离散对数问题的 ElGamal 密码算法、基于编码的 McEliece 加密算法,以及一系列基于椭圆曲线的密码体制等。1994 年,PeterShor 提出可在多项式时间内求解大整数分解和有限域上离散对数问题的量子算法。2003 年,Proos 和 Zalka 将 Shor 算法推广到可求解椭圆曲线上的离散对数问题,同时指出一个 160 位的椭圆曲线密码密钥可以被使用大约 1 000 个量子位的量子计算机破坏,而分解安全等效的 1 024 位 RSA 模数则大约需要 2 000 个量子位。这说明,在量子计算环境下,超强的量子计算能力将使得现有大多数 CP - ABE 方案的安全性受到挑战。基于量子计算机不擅长的数学问题构建密码,则可以有效抵御量子计算的攻击。

目前,能够抵抗量子攻击的密码体制主要包括基于 Hash 函数的密码(如 Merkle 签名树方案)、基于纠错码的密码(如 McEliece 密码和 Niederreiter 密码)、基于格的密码(如 NTRU 密码),以及基于多变量二次多项式的密码(如 HFE 密码)。其中格密码除了可以抵抗量子攻击外,还拥有基于最坏情况下的困难性假设、渐进计算效率高且灵活性高等优势。因此,格密码受到了密码学界的广泛关注,并在格问题的计算复杂性、格密码分析、格密码方案设计等方面取得了较为快速的发展。本章工作致力于构建抗量子攻击安全的格基 CP - ABE 方案。

本章首先构建了理想格上的陷门生成算法、原像抽样算法,以及左抽样和右抽样算法;然后基于理想格分别提出了支持布尔属性和支持多值属性的多授权机构 CP－ABE 方案。通过为属性授权机构增添虚拟属性,所提方案可以支持灵活的门限访问策略。方案安全性可规约到求解理想格上的困难问题,而该类问题尚未找到多项式时间的量子算法可以破解。

4.2 理论知识

4.2.1 格和理想格

定义 4.1 (格[12])给定 n 个线性无关的基向量 $\boldsymbol{b}_1,\boldsymbol{b}_2,\cdots,\boldsymbol{b}_n \in R^n$,令 $\boldsymbol{B}=[\boldsymbol{b}_1,\boldsymbol{b}_2,\cdots,\boldsymbol{b}_n]$。由 $\boldsymbol{B}$ 生成的满秩格 $\boldsymbol{\Lambda}$ 为向量集:

$$\boldsymbol{\Lambda} = \mathcal{L}(\boldsymbol{B}) = \{\sum_{i=1}^{n} x_i\boldsymbol{b}_i \mid x_i \in \mathbb{Z}, 1 \leqslant i \leqslant n\}$$

其中 $\boldsymbol{B}$ 被称作格的一组基。

对于给定的矩阵 $\boldsymbol{A} \in \mathbb{Z}q^{n\times m}$,令 q 为素数,定义 q－元格如下:

$$\boldsymbol{\Lambda}_{\mathrm{q}}^{\perp}(\boldsymbol{A}) = \{e \in \mathbb{Z}^m \quad \text{s.t.}\ Ae = 0 (\bmod q)\}$$

对于任意向量 $\boldsymbol{u} \in \mathbb{Z}_q^n$,$q$－元格的一个陪集定义为

$$\boldsymbol{\Lambda}_{\mathrm{q}}^{\mathrm{u}}(\boldsymbol{A}) = \{e \in \mathbb{Z}^m \quad \text{s.t.}\ Ae = \boldsymbol{u} (\bmod q)\}$$

定义 4.2 (理想格[57])设 $R=\mathbb{Z}[x]/\langle f(x)\rangle$ 是一个整数多项式环,其中模 $f(x)$ 为分圆多项式。如果 I 为环 R 的一个理想,且格 $\boldsymbol{\Lambda} \in \mathbb{Z}^n$ 是由理想 I 构成的,则称格 $\boldsymbol{\Lambda}$ 为理想格。

4.2.2 R－LWE 困难假设

定义 4.3 (判定性 R－LWE 困难问题[57])设 $f(x)=x^n+1 \in \mathbb{Z}[x]$,安全参数 $n=2^p(p \in \mathbb{Z})$。设 $R=\mathbb{Z}[x]/\langle f(x)\rangle$ 为模 $f(x)$ 的整数多项式环。令 $q=1 \bmod 2n$ 为足够大的模素数,$R_q=R/qR$。定义环 R_q 上的离散噪声分布为 χ。判定性 R－

LWE 问题实例包括一个未指定的挑战预言机 O。O 或者是真随机抽样器 $O_\$$，输出均匀随机的样本 $(a,b) \in (R_q,R_q)$；或者是伪随机抽样器 O_s，输出伪随机样本 $(a,b') = (a,as+e) \in (R_q,R_q)$，其中 $a,s \leftarrow R_q, e \leftarrow \chi$。攻击者 A 可以向挑战预言机 O 进行重复询问以获得多个抽样实例。定义 A 能够准确分辨出实例来自 $O_\$$ 或 O_s 的优势为

$$\mathrm{Adv}(\mathrm{A}) = \left| Pr[\mathrm{A}^{O_\$}=1] - Pr[\mathrm{A}^{O_s}=1] \right|$$

如果上述优势 Adv(A) 是不可忽略的，则称攻击者 A 能够解决判定性 R-LWE 困难问题。

4.2.3　Shamir 门限秘密共享

定义 4.4　(Shamir 门限秘密共享) 设 $P = \{P_1, P_2, \cdots, P_n\}$ 为 n 个参与方的集合，t 为门限，要求 t 和 n 均为正整数且 $t \leqslant n$。假设 $s \in R_q$ 为要分享的秘密信息。(t,n) 门限秘密共享过程描述如下：

(1) 秘密分享。首先，分享者随机选取 $t-1$ 次多项式 $q(x) = a_0 + a_1 x + \cdots + a_{t-1} x^{t-1}$，其中 $a_0 = s, \{a_i\}_{i\in[1,t-1]} \in R_q$。然后，分享者为每个参与方 $P_i (i=1,2,\cdots,n)$ 计算子秘密 $q(i) \in R_q$，并将 $(i,q(i))$ 发送给 P_i。

(2) 秘密重构。对于任意 t 个参与方，分别提供各自的子秘密 $(i,q(i))$。然后利用拉格朗日插值法可以还原 $t-1$ 次多项式 $q(x)$，进而恢复出共享秘密 $q(0) = s$。

4.3　形式化定义及安全模型

如图 4-1 所示为本章提出的基于理想格的多授权机构 CP-ABE (ideal lattice-based multi-authority CP-ABE, ILB-MA-CPABE) 方案的系统模型，共包括以下 5 种实体：中央授权机构、属性授权机构、云服务器、数据拥有者以及用户。

对系统模型中各实体的介绍与第 3 章相似，在此不做赘述。需要特别说明的是，本章系统模型里假定有 N 个属性授权机构，并假定每个授权机构 $\mathrm{AA}_\theta (1 \leqslant \theta \leqslant N)$ 分别管理 d_θ 个用户属性和 d_θ 个虚拟属性。系统中每个用户都默认拥有全部虚拟属性。门限访问策略 $\mathbb{A} = \{T_\theta, t_\theta\}_{\theta\in[N]}$ 表示，在每个 AA_θ 所管理的 T_θ 个属性中，

用户需至少拥有其中的 t_θ 个属性。

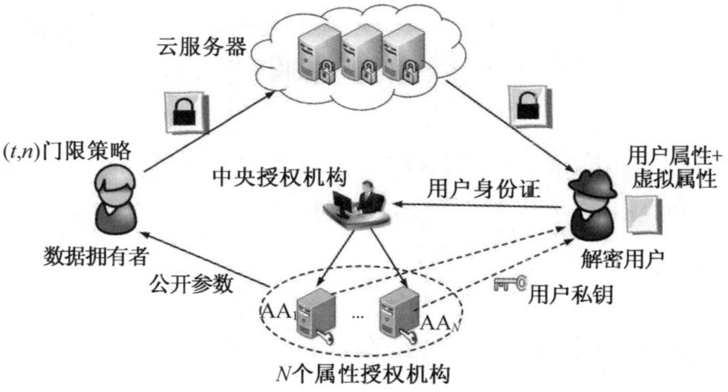

图 4-1　系统模型

1. 形式化定义

本章所提方案包括以下 5 个多项式时间算法,各多项式时间算法形式化描述如下:

①GlobalSetup(λ)→GP:系统全局建立算法,由中央授权机构 CA 执行。该算法输入安全参数 λ,输出全局公开参数 GP。

②AASetup(GP,θ)→(APK_θ,ASK_θ):授权机构建立算法,由属性授权机构 AA_θ 执行。该算法输入为全局公开参数 GP 和授权机构的索引标识 θ,输出为 AA_θ 的公钥 APK_θ 和私钥 ASK_θ。

③KeyGen(GP,{$ASK_\theta S_{gid}$})→SK_{gid}:用户私钥生成算法,由属性授权机构 AA_θ 执行。该算法输入为全局公开参数 GP、属性授权机构私钥 K_θ、用户身份 gid 和用户属性集 S_{gid},算法为用户 gid 生成私钥 $SK_{S,gid}$。

④Encrypt(M,A,GP,{APK_θ})→CT:数据加密算法,由数据拥有者执行。该算法输入明文消息 m,访问结构 $\mathbb{A}$,全局公开参数 GP 以及授权机构公钥 K_θ。算法输出密文 CT。

⑤Decrypt(CT,GP,SK_{gid})→(m/⊥):数据解密算法,由用户 user 执行。该算法输入密文 CT,公开参数 GP,以及用户私钥 SK_{gid}。如果用户 gid 的属性满足访问结构 $\mathbb{A}$,则算法输出解密后的明文消息 m;否则算法输出⊥。

算法正确性:对于 GP←GlobalSetup(λ),(APK_θ,ASK_θ)←AASetup(GP,θ),SK_{gid}←KeyGen(GP,{$ASK_\theta S_{gid}$}),CT←Encrypt(m,$\mathbb{A}$,GP,{APK_θ}),当且仅当如下

条件满足时 $S_{gid} \in \mathbb{A}$，则可以成功解密密文 $\mathrm{Decrypt}(CT, GP, SK_{gid}) \rightarrow m$。

2. 安全模型

敌手 A 和挑战者 C 之间的安全游戏描述如下。

初始化：敌手 A 事先声明待挑战的访问结构 T^*，并将其发送给 C。此外，还允许 A 腐化部分属性授权机构 Auth_C。

系统建立：C 运行系统全局建立算法和授权机构建立算法，然后 C 将全局参数和授权机构公钥发送给 A。针对被腐化的授权机构 Auth_C，C 将授权机构私钥也一并发送给 A。

查询阶段 1：A 可多次提交 (gid, S_{gid}) 给 C 进行私钥查询。其中，gid 代表用户身份，S_{gid} 代表用户拥有的属性。敌手进行私钥查询的限制条件是：对于 A 提交的属性集 S_{gid} 与被腐化的授权机构所管理的属性集的合集，不能满足挑战访问结构 T^*。然后，C 运行私钥生成算法获得私钥 SK_{gid} 并发送给 A。

挑战：A 提交两个等长的随机消息 m_0, m_1 给 C。然后，C 随机选取 $b \in \{0,1\}$，并根据访问结构 T^* 加密消息 m_b。最后，C 将生成的挑战密文 CT^* 发送给 A。

查询阶段 2：A 可以继续向 C 执行查询，同查询阶段 1。

猜测：A 输出猜测 $b' \in \{0,1\}$。

敌手 A 在上述安全游戏中的优势定义为 $\mathrm{Adv}_A = \left| Pr[b' = b] - \frac{1}{2} \right|$。

定义 4.5　如果对于所有概率多项式时间敌手 A 在上述安全游戏中的优势均是可忽略的，则称所提方案在选择安全模型下具有抗选择明文攻击安全。

4.4　构建理想格上的多项式算法

本节将首先对后续算法将要使用的数学符号进行描述；然后介绍理想格上的陷门生成算法、原像抽样算法及私钥提取算法。

(1)数学符号描述

符号 $\mathbb{Z}$ 代表整数集合，$\mathbb{R}$ 代表实数集合，$\mathbb{Z}[x]$ 代表系数为整数的多项式集合。令 $f(x) = x^n + 1 \in \mathbb{Z}[x]$ 为有理数域上的不可约多项式，其中 $n = 2^p (p \in \mathbb{Z})$ $R = \mathbb{Z}[x]/\langle f(x) \rangle$ 为模 $f(x)$ 的整数多项式环。设 $q = 1 \bmod 2n$ 是一个足够大的模素数，$R_q = R/\langle q \rangle = \mathbb{Z}_q[x]/\langle f(x) \rangle$，则 R_q 中的元素均为阶小于 n 且系数为的多项式。

符号 $a=a_0+a_1x+\cdots+a_{n-1}x^{n-1}\in R_q$ 代表一个多项式环中的元素。

符号 $\widetilde{\boldsymbol{a}}=(a_0,a_1,\cdots,a_{n-1})^{\mathrm{T}}\in Z_q^n$ 代表环元素 a 的多项式系数所构成的向量。

$$\mathrm{rot}_f(a)=(a,ax \bmod f,\cdots,ax^{n-1} \bmod f)^{\mathrm{T}}\in R_q^n$$

$$\hat{\boldsymbol{a}}=(a_1,a_2,\cdots,a_m)^{\mathrm{T}}\in R_q^m$$

$$\mathrm{Rot}_f(\hat{\boldsymbol{a}})=(\mathrm{rot}_f(a_1),\mathrm{rot}_f(a_2),\cdots,rot_f(a_m))^{\mathrm{T}}\in R_q^{mn}$$

符号 $\|a\|=\sqrt{a_0^2+a_1^2+\cdots+a_{n-1}^2}$ 代表环元素 a 的系数向量的欧几里得范数。

$\boldsymbol{e}=\mathrm{Map}(\hat{\boldsymbol{a}})\in Z^{mn}$ 表示按序连接环多项式 $\boldsymbol{a}_i(1\leqslant i\leqslant m)$ 的系数而构成的列向量。而 $\hat{\boldsymbol{a}}=\mathrm{Map}^{-1}(\boldsymbol{e})\in R^m$ 代表逆过程，即 $\boldsymbol{e}$ 中的每连续 n 个元素可看作一个环多项式的系数。

$\boldsymbol{M}=\mathrm{Trans}_{v\to M}(\hat{\boldsymbol{a}})\in Z_q^{m\times n}$ 表示一个具有 m 行 n 列的矩阵。对于矩阵的每一行 $i(1\leqslant i\leqslant m)$，可由环多项式 a_i 的系数向量构成。而 $\hat{\boldsymbol{a}}=\mathrm{Trans}_{M\to v}(\boldsymbol{M})\in R_q^m$ 代表逆过程，即根据 $\boldsymbol{M}$ 的每一行元素恢复出一个环多项式 R_q。

针对环多项式向量 $\hat{\boldsymbol{x}}=(x_1,x_2,\cdots,x_m)^{\mathrm{T}}\in R_q^m$，现定义如下两种运算操作：

①$\hat{\boldsymbol{x}}\boldsymbol{y}=(x_1y,x_2y,\cdots,x_my)\in R^m,\hat{\boldsymbol{x}}\in R^m,\boldsymbol{y}\in R$；

②$\hat{\boldsymbol{x}}\otimes\hat{\boldsymbol{y}}=\sum_{i=1}^{m}(x_iy_i)\in R,\hat{\boldsymbol{x}}\in R^m,\hat{\boldsymbol{y}}\in R^m$。

(2)理想格上的陷门生成算法

定义 4.6 （陷门生成算法 Ideal - TrapGen$(n,\sigma,r,q,m,f)\to(\hat{\boldsymbol{g}},\boldsymbol{T}_{\hat{g}})$[58]）存在这样一个概率多项式时间算法，该算法输入参数为 $n,\sigma,r>0$，q 是奇素数，m 是整数，$f\in\mathbb{Z}[x]$ 为 n 次不可约多项式。算法输出 $\hat{\boldsymbol{g}}=(g_1,g_2,\cdots,g_m)^{\mathrm{T}}\in(\mathbb{Z}_q[x]/f)^m$ 和 $\boldsymbol{T}_{\hat{g}}\in\mathbb{Z}q^{mn\times mn}$。其中 $\hat{\boldsymbol{g}}$ 是统计上接近均匀分布，$\boldsymbol{T}_{\hat{g}}$ 为格 $\Lambda_q^{\perp}(\mathrm{Rot}_f^{\mathrm{T}}(\hat{\boldsymbol{g}}))$ 的短格基且满足 $L=\|T_{\hat{g}}\|\leqslant\widetilde{O}(\sqrt{n})$。

(3)原像抽样算法

定义 4.7 （格上原像抽样算法 SamplePre$(\boldsymbol{A},T_a,u,\sigma)\to e\in\mathbb{Z}^m$[59]）存在这样一个概率多项式时间算法，该算法输入参数为矩阵 $\boldsymbol{A}\in\mathbb{Z}q^{n\times m}$（其中 $q\geqslant2$，$m\geqslant 2n\log q$ 格 $\Lambda_q^{\perp}(A)$ 的短格基 $T_A\in\mathbb{Z}q^{m\times m}$，目标像 $u\in\mathbb{Z}_q^n$ 以及高斯参数 $\sigma\geqslant\|\widetilde{T_A}\|pw(\sqrt{\log m})$。算法输出抽样 $e\in\mathbb{Z}^m$，并且满足条件 $Ae=u \bmod q$

基于上述算法，本章构建了理想格上的原像抽样算法 Ideal - SamplePre，具体细节见表 4 - 1。

表 4-1 理想格上的原像抽样算法

Input: $\hat{\boldsymbol{g}}, \boldsymbol{T}_{\hat{g}}, u, \sigma$

Output: $\hat{\boldsymbol{e}}$

1. Initialization: 环多项式向量 $\hat{\boldsymbol{g}} \in R_q^m$, 格 $\Lambda_q^{\perp}(\mathrm{Rot}_f^T(\hat{g}))$ 的陷门基 $\boldsymbol{T}_{\hat{g}} \in Z_q^{mn \times mn}$, 目标像 $u \in R_q$, 高斯参数 $\sigma \geqslant \|\boldsymbol{T}_{\hat{g}}\| w(\sqrt{\log m})$

2. Step: (a) 编码 $G = \mathrm{Rot}_f^{\mathrm{T}}(\hat{\boldsymbol{g}}) \in \mathbb{Z}_q^{mn}$;

(b) 调用格上的原像抽样算法 $\boldsymbol{t} = \mathrm{SamplePre}(G, \boldsymbol{T}_{\hat{g}}, u, \sigma) \in \mathbb{Z}_q^{mn}$;

(c) 计算 $\hat{\boldsymbol{e}} = \mathrm{Map}^{-1}(\boldsymbol{t}) \in R_q^m$, $\hat{\boldsymbol{e}} \sim D_{\mathbb{Z}^{mn}, \sigma}$

3. Return: $\hat{\boldsymbol{e}} \in R_q^m$, 并满足条件 $\hat{\boldsymbol{g}} \otimes \hat{\boldsymbol{e}} = u$

(4) 理想格上的私钥提取算法

接下来构建理想格上的两个私钥提取算法,分别为理想格上的左抽样算法 Ideal - SampleLeft 和右抽样算法 Ideal - SampleRight,具体细节见表4-2和表4-3。在本章后续构造的 CP-ABE 方案中,理想格上的陷门生成算法将用于生成系统的公钥和主密钥,表4-1和表4-2用于为用户属性生成私钥,表4-3用于在方案证明过程中为攻击者生成私钥。

表 4-2 理想格上的左抽样算法

Input: $\hat{\boldsymbol{g}}, T_{\hat{g}}, u, \sigma, \hat{a}, \hat{b}$

Output: $\hat{\boldsymbol{e}}$

1. Initialization: $\hat{\boldsymbol{g}}, \hat{a}, \hat{b} \in R_q^m$, 格 $\Lambda_q^{\perp}(\mathrm{Rot}_f^{\mathrm{T}}(\hat{\boldsymbol{g}}))$ 的陷门基 $\boldsymbol{T}_{\hat{g}} \in Z_q^{mn \times mn}$, 目标像 $u \in R_q$, 高斯参数 $\sigma \geqslant \|\boldsymbol{T}_{\hat{g}}\| w(\sqrt{\log m})$;

2. Step: (a) 随机选择 $\hat{\boldsymbol{e}}_2 \in R_q^m$, 统计上接近均匀分布 $D_{\mathbb{Z}^{mn}, \sigma}$;

(b) 计算 $v = (\hat{\boldsymbol{a}} + \hat{\boldsymbol{b}}) \otimes \hat{\boldsymbol{e}}_2$;

(c) 调用理想格上的原像抽样算法 $\hat{\boldsymbol{e}}_1 = \mathrm{Ideal-SamplePre}(\hat{\boldsymbol{g}}, \boldsymbol{T}_{\hat{g}}, u - v, \sigma) \in R_q^m$, 并且 $\hat{\boldsymbol{e}}_1 \sim D_{\mathbb{Z}^{mn}, \sigma}$

(d) 输出私钥 $\hat{\boldsymbol{e}} = (\hat{\boldsymbol{e}}_1, \hat{\boldsymbol{e}}_2)^T \in R_q^{2m}$

3. Return: $\hat{\boldsymbol{e}} \in R_q^{2m}$, 并满足条件 $(\hat{\boldsymbol{g}}, \hat{\boldsymbol{a}} + \hat{\boldsymbol{b}})^T \otimes \hat{\boldsymbol{e}} = u$

表 4-3 理想格上的右抽样算法

Input: $\hat{\boldsymbol{g}}, u, \sigma, \hat{\boldsymbol{a}}, \hat{\boldsymbol{b}}, \boldsymbol{T}_{\hat{b}}$

Output: $\hat{\boldsymbol{e}}$

1. Initialization: $\hat{\boldsymbol{g}} \in R_q^m, u \in R_q, \hat{\boldsymbol{a}} = (\hat{\boldsymbol{g}} \otimes \hat{\boldsymbol{r}}_1, \hat{\boldsymbol{g}} \otimes \hat{\boldsymbol{r}}_2, \cdots, \hat{\boldsymbol{g}} \otimes \hat{\boldsymbol{r}}_m)^{\mathrm{T}} \in R_q^m$，其中 $\hat{\boldsymbol{r}}_1, \hat{\boldsymbol{r}}_2, \cdots, \hat{\boldsymbol{r}}_m \leftarrow R_q^m, \hat{\boldsymbol{r}}_1, \hat{\boldsymbol{r}}_2, \cdots, \hat{\boldsymbol{r}}_m \in \{-1,1\}^{nm}, \hat{\boldsymbol{b}} \in R_q^m$ 以及对应陷门基 $\boldsymbol{T}_{\hat{b}} \in \mathbb{Z}q^{mn \times mn}$，高斯参数 $\sigma \geqslant \| \boldsymbol{T}_{\hat{b}} \| \sqrt{m} w(\log m)$；

2. Step: (a) 令 $\hat{\boldsymbol{f}} = (\hat{\boldsymbol{g}}, \hat{\boldsymbol{a}} + \hat{\boldsymbol{b}})^{\mathrm{T}}$，接下来构造格 $\Lambda_q^{\perp}(\mathrm{Rot}_f^{\mathrm{T}}(\hat{\boldsymbol{f}}))$ 的陷门基 $\boldsymbol{T}_{\hat{f}}$；

(b-1) 对于所有的 $1 \leqslant i \leqslant mn$，令 $\boldsymbol{b}_i$ 代表 $\boldsymbol{T}_{\hat{b}}$ 的第 i 列，则可知 $\hat{\boldsymbol{b}} \otimes \hat{\boldsymbol{t}}_i = 0$。其中 $\hat{\boldsymbol{t}}_i = \mathrm{Map}^{-1}(\boldsymbol{b}_i) \in R^m$

(b-2) 设 $\boldsymbol{R} = (\hat{\boldsymbol{r}}_1, \hat{\boldsymbol{r}}_2, \cdots, \hat{\boldsymbol{r}}_m) \in (\{-1,1\}^n)^{m \times m}$ 为 m 行 m 列的矩阵。令 $\boldsymbol{R}[j]$ 代表矩阵 $\boldsymbol{R}$ 的第 j 行，$\boldsymbol{R}[j][k]$ 代表向量 $\boldsymbol{R}[j]$ 的第 k 个元素；

(b-3) 令 $\hat{\boldsymbol{t}}_i[j]$ 代表 $\hat{\boldsymbol{t}}_i$ 的第 j 个向量。对于 $1 \leqslant i \leqslant mn$，设置 $\hat{\boldsymbol{t}}'_i$ 为

$$\hat{\boldsymbol{t}}'_i = \begin{bmatrix} -\sum_{j=1}^{m} (\hat{\boldsymbol{t}}_i[j]) \boldsymbol{R}^{\mathrm{T}}[j] \\ \hat{\boldsymbol{t}}_i \end{bmatrix} \in R^{2m}$$

进一步计算可得 $\hat{\boldsymbol{f}} \otimes \hat{\boldsymbol{t}}'_i = \hat{\boldsymbol{g}} \otimes \left(-\sum_{j=1}^{m} (\hat{\boldsymbol{t}}_i[j]) \boldsymbol{R}^{\mathrm{T}}[j]\right) + ((\hat{\boldsymbol{g}} \otimes \hat{\boldsymbol{r}}_1, \hat{\boldsymbol{g}} \otimes \hat{\boldsymbol{r}}_2, \cdots, \hat{\boldsymbol{g}} \otimes \hat{\boldsymbol{r}}_m)^{\mathrm{T}} + \hat{\boldsymbol{b}}) \otimes \hat{\boldsymbol{t}}_i = 0$；

(b-4) 对于 $1 \leqslant i \leqslant mn$，令 $\boldsymbol{d}_i$ 代表单位矩阵 $\boldsymbol{I}_{mn}$ 的第 i 列，并设置 $\hat{\boldsymbol{w}}_i = \mathrm{Map}^{-1}(\boldsymbol{d}_i) \in R^m$。则容易找到向量 $\hat{\boldsymbol{u}}_i \in R^m$，满足条件 $\hat{\boldsymbol{g}} \otimes \hat{\boldsymbol{w}}_i + \hat{\boldsymbol{b}} \otimes \hat{\boldsymbol{u}}_i = 0$。接下来设置 $\hat{\boldsymbol{t}}'_{i+mn}$ 为

$$\hat{\boldsymbol{t}}'_{i+mn} = \begin{bmatrix} \hat{\boldsymbol{w}}_i - \sum_{j=1}^{m} (\hat{\boldsymbol{u}}_i[j]) \boldsymbol{R}^{\mathrm{T}}[j] \\ \hat{\boldsymbol{u}}_i \end{bmatrix} \in R^{2m}$$

则计算可得 $\hat{\boldsymbol{f}} \otimes \hat{\boldsymbol{t}}'_{i+mn} = \hat{\boldsymbol{g}} \otimes \hat{\boldsymbol{w}}_i + \hat{\boldsymbol{b}} \otimes \hat{\boldsymbol{u}}_i = 0$。正确性推导过程与(b-3)类似；

(c) 设 $\boldsymbol{T}_{\hat{f}} = (\mathrm{Map}(\hat{\boldsymbol{t}}'_1), \mathrm{Map}(\hat{\boldsymbol{t}}'_2), \cdots, \mathrm{Map}(\hat{\boldsymbol{t}}'_{2mn}))$，则 $\boldsymbol{T}_{\hat{f}}$ 具有 $2mn$ 个线性独立向量。该结论的证明思路可参考文献[41]；

(d) 调用理想格上的原像抽样算法 $\hat{\boldsymbol{e}} = \mathrm{Ideal-SamplePre}(\hat{\boldsymbol{f}}, \boldsymbol{T}_{\hat{f}}, u, \sigma) \in R^{2m}$

3. Return: $\hat{\boldsymbol{e}} \in R_q^{2m}$，并满足条件 $(\hat{\boldsymbol{g}}, \hat{\boldsymbol{a}} + \hat{\boldsymbol{b}})^{\mathrm{T}} \otimes \hat{\boldsymbol{e}} = u$

为验证算法 4-3 中计算结果的正确性，现推导如下：

$$
\begin{aligned}
(\hat{\boldsymbol{g}} \otimes \hat{\boldsymbol{r}}_1, \hat{\boldsymbol{g}} \otimes \hat{\boldsymbol{r}}_2, \cdots, \hat{\boldsymbol{g}} \otimes \hat{\boldsymbol{r}}_m)^{\mathrm{T}} \otimes \hat{\boldsymbol{t}}_i &= \sum_{j=1}^{m}((\hat{\boldsymbol{g}} \otimes \hat{\boldsymbol{r}}_j) \cdot \hat{\boldsymbol{t}}_i[j]) \\
&= \sum_{j=1}^{m}((\sum_{k=1}^{m}\hat{\boldsymbol{g}}[k] \cdot \hat{\boldsymbol{r}}_j[k]) \cdot \hat{\boldsymbol{t}}_i[j]) \\
&= \sum_{k=1}^{m}\hat{\boldsymbol{g}}[k] \cdot \sum_{j=1}^{m}(\hat{\boldsymbol{r}}_j[k] \cdot \hat{\boldsymbol{t}}_i[j]) \\
&= \sum_{k=1}^{m}\hat{\boldsymbol{g}}[k] \cdot \sum_{j=1}^{m}(\hat{\boldsymbol{t}}_i[j] \cdot \boldsymbol{R}[k][j]) \\
&= \hat{\boldsymbol{g}} \otimes (\sum_{j=1}^{m}(\hat{\boldsymbol{t}}_i[j])\boldsymbol{R}^{T}[j]),\text{故可得} \hat{\boldsymbol{f}} \otimes \hat{\boldsymbol{t}}_i = 0。
\end{aligned}
$$

4.5 支持布尔属性的 ILB - MA - CPABE 方案

在属性基加密方案中，访问策略和用户私钥中均会涉及属性的概念。通常 CP - ABE 中所涉及的属性为布尔属性，即该属性可直接用于布尔表达式中，并不涉及具体的取值。例如，针对“学生”属性，系统中用户要么具有该属性，要么不具有该属性。本节接下来将构造支持布尔属性的多授权机构 CP - ABE 方案。

该方案包括以下 5 个多项式时间算法，具体构造如下。

①GlobalSetup(λ)→GP：该算法由中央授权机构在系统建立阶段执行。算法输入安全参数 λ，输出系统全局参数 GP $= q, n, m, \sigma, \alpha, r, f, u$。其中，$q = q(\lambda)$ 是素数，$n = n(\lambda)$ 和 $m = m(\lambda)$ 是两个正整数，$\sigma = \sigma(\lambda)$ 和 $\alpha = \alpha(\lambda)$ 是高斯参数，$r > 0$，$f \in \mathbb{Z}_q[x]$ 是不可约多项式，$u \in R_q$。

②AASetup(GP, θ)→(APK$_\theta$, ASK$_\theta$)：该算法由属性授权机构在系统建立阶段执行。假定系统中每个 AA$_\theta$ 负责管理 d_θ 个常规属性，然后为其添加 d_θ 个虚拟属性。系统中所有用户均默认拥有这些虚拟属性。针对每个 AA$_\theta$，用符号 $N_\theta = \{1, 2, \cdots, d_\theta\}$ 和 $V_\theta = \{d_\theta + 1, \cdots, 2d_\theta\}$ 分别表示其管理的常规属性和虚拟属性。符号 $\mathrm{A}_\theta = N_\theta \cup V_\theta$ 表示授权机构 AA$_\theta$ 所管理的总属性集。对于每个属性 $i \in \mathrm{A}_\theta$，AA$_\theta$ 执行陷门生成算法 Ideal - TrapGen 来生成 $\hat{g}_\theta^i$ 和 $T_{\hat{g}_\theta}^{\ i}$。算法输出属性授权机构公钥

$\mathrm{APK}_\theta=\{\boldsymbol{g}_\theta^i\}_{i\in A_\theta}$和属性授权机构私钥 $\mathrm{ASK}_\theta=\{\boldsymbol{T}_{\hat{g}_\theta}^i\}_{i\in A_\theta}$。

③KeyGen(GP,{$\mathrm{ASK}_\theta S_{\mathrm{gid}}$})→$\mathrm{SK}_{\mathrm{gid}}$:该算法由属性授权机构在用户私钥生成阶段执行。假定用户 gid 拥有属性集 $S_{\mathrm{gid}}=\sum_{\theta\in[N]}S_{\mathrm{gid},\theta}$。该算法运行如下:

(a)中央授权机构(CA)首先认证用户身份,并利用 Shamir 秘密共享计算 $u\in R_q$ 的 N 个份额并发给每个授权机构 AA_θ。具体地,CA 随机选取 $N-1$ 次多项式 $P(x)=u+\sum_{i=1}^{N-1}a_ix^i$,其中 $a_i\leftarrow R_q$。然后为每个 $\mathrm{AA}_\theta(1\leqslant\theta\leqslant N)$计算相应的秘密份额 $u_\theta=P(\theta)\in R_q$。

(b)针对每个属性授权结构 AA_θ,设置 $A'_\theta=S_{\mathrm{gid},\theta}\cup V_\theta$。$\mathrm{AA}_\theta$ 随机选取 d_θ 次多项式 $P_\theta(x)=u_\theta+\sum_{i=1}^{d_\theta}b_ix^i$,其中 $b_i\leftarrow R_q$。对于每个属性 $i\in A'_\theta$,计算 $u_{\theta,i}=P_\theta(i)\in R_q$。然后 AA_θ 运行理想格上的原像抽样算法 Ideal - SamplePre($\hat{g}_\theta^i,T_{\hat{g}_\theta}^i,u_{\theta,i},\sigma$)来生成 $\hat{e}_{\theta,i}\in R_q^m$。

(c)算法输出用户私钥 $\mathrm{SK}_{\mathrm{gid}}=\{\{\hat{e}_{\theta,i}\}_{i\in A'_\theta}\}_{\theta\in[N]}$。

④Encrypt(M,$\mathbb{A}$,GP,{APK_θ})→CT:该算法由数据拥有者在数据加密阶段执行。在该方案中,访问结构 $\mathbb{A}$ 仅支持门限访问策略,即 $\mathbb{A}=\{T_\theta,t_\theta\}_{\theta\in[N]}$。对于每个 AA_θ,d_θ 为其管理的常规属性个数,故要求门限值 t_θ 满足约束条件 $1\leqslant t_\theta\leqslant min\{|T_\theta|,d_\theta\}$。待加密消息 $\boldsymbol{M}=(m_0,m_1,\cdots,m_{n-1})$可看作环多项式 $m(x)=m_0+m_1x+\cdots+m_{n-1}x^{n-1}\in R_q$ 的系数向量,其中 $m_i\in\{0,1\}$。

(a) $\forall\theta\in[N]$,令 $T'_\theta=T_\theta\cup\{d_\theta+1,\cdots,2d_\theta-t_\theta+1\}$。设置参数 $d=\max_{\theta=1}^N,d_\theta=\max\{d_1,d_2,\cdots,d_N\}$,$D=(N!\ (2d)!)^2$。

(b)随机选择元素 $s\leftarrow R_q$。

(c)令 $T'=\{T'_{\theta\theta\in[N]}\}$。对于每个属性 $j\in T'$,计算 $c_j=\hat{g}_js+D\cdot\hat{x}_j$。其中,$\hat{x}_j\in R_q^m$,$\hat{x}_j\sim D_{\mathbb{Z}^{mn},\sigma}$。

(d)计算 $c_0=us+Dx_0+m\cdot\lfloor q/2\rfloor$。其中,$x_0\in R$,$x_0\sim D_{\mathbb{Z}^n,\sigma}$。

(e)输出密文 $\mathrm{CT}=\{c_0,\{c_j\}_{j\in T'}\}$。

⑤Decrypt(CT,GP,$\mathrm{SK}_{\mathrm{gid}}$)→($m/\perp$):该算法由用户在数据解密阶段执行。该算法运行如下:

(a) $\forall\theta\in[N]$,如果$|S_{\mathrm{gid},\theta}\cap T_\theta|<t_\theta$,算法输出 ⊥。否则,满足条件$|A'_\theta\cap T'_\theta|\geqslant d_\theta+1$,并令 $J_\theta\subseteq|A'_\theta\cap T'_\theta|$且$|J_\theta|=d_\theta+1$。

(b)针对属性集 J_θ,计算 $\boldsymbol{\Sigma}_{j\in J_\theta}L_{\theta,j}(\hat{g}_\theta^j\otimes\hat{e}_{\theta,j})=u_\theta$。

(c)计算 $z=c_0-\Sigma_{\theta\in[N]}L_\theta\Sigma_{j\in J_\theta}L_{\theta,j}(\hat{e}_{\theta,j}\otimes c_j)$。

(d)对于所有的 $i=0,1,\cdots,n-1$:如果 $|z_i|<q4$,则输出 $m_i=0$;否则输出 $m_i=1$。

解密算法正确性分析:

$$\begin{aligned} z &= c_0-\Sigma_{\theta\in[N]}L_\theta\Sigma_{j\in J_\theta}L_{\theta,j}(\boldsymbol{e}_{\theta,j}\otimes c_j) \\ &= us+Dx_0+m\lfloor q/2\rfloor-us-\Sigma_{\theta\in[N]}L_\theta\Sigma_{j\in J_\theta}L_{\theta,j}D\,\hat{e}_{\theta,j}\hat{x}_j \\ &= m\cdot\lfloor q/2\rfloor+Dx_0-D\Sigma_{\theta\in[N]}L_\theta\Sigma_{j\in J_\theta}L_{\theta,j}\hat{e}_{\theta,j}\hat{x}_j \\ &\approx m\cdot\lfloor q/2\rfloor \end{aligned}$$

为保证解密结果的正确性,要求误差干扰项 $|Dx_0-D\Sigma_{\theta\in[N]}L_\theta\Sigma_{j\in J_\theta}L_{\theta,j}\hat{e}_{\theta,j}\hat{x}_j|$ 的每个系数均小于 $q/4$。

$$\begin{aligned} |Dx_0-D\Sigma_{\theta\in[N]}L_\theta\Sigma_{j\in J_\theta}L_{\theta,j}\hat{e}_{\theta,j}\hat{x}_j| &\leqslant D|x_0|+D^2\Sigma_{\theta\in[N]}\Sigma_{j\in J_\theta}|\hat{e}_{\theta,j}\hat{x}_j| \\ &\leqslant D|x_0|+D^2\cdot 2dN|\hat{e}_{\theta,j}\hat{x}_j| \end{aligned}$$

根据文献[17]引理2,可知 $|x_0|<\mathrm{maq}\omega(\log n)$,$|\hat{e}_{\theta,j}\hat{x}_j|<\mathrm{maq}\sigma\sqrt{n}\,\omega(\log n)$。进一步计算可得

$$\begin{aligned} &|Dx_0-D\Sigma_{\theta\in[N]}L_\theta\Sigma_{j\in J_\theta}L_{\theta,j}\hat{e}_{\theta,j}\hat{x}_j| \\ &<(N!\ (2d)!)^2\mathrm{maq}\omega(\log n)+2dN(N!\ (2d)!)^4\mathrm{maq}\sigma\sqrt{n}\omega(\log n) \\ &<5dN(N!\ (2d)!)^4n^{2.5}\sigma\log^{1.5}n \end{aligned}$$

因此,方案中需设置参数 $q\geqslant 20dN(N!\ (2d)!)^4n^{2.5}\sigma\log^{1.5}n$ 保证解密结果的正确性。

4.6 支持多值属性的 ILB-MA-CPABE 方案

在属性基加密方案中,多值属性泛指一个属性存在多个可能取值的情况。即两个用户具有同一属性,但取值结果可能不同。在 CP-ABE 方案中,多值属性只有被赋予具体值时才有实际意义。例如,访问策略中指定用户属性为“年龄=18”,而不是单纯指定属性为“年龄”。如果将多值属性的每次不同赋值均看作一个全新属性,则方案可将其按布尔属性进行处理。然而该方法将导致方案中属性个数过多,进一步使得算法的公钥或密文长度过长。为了能够高效处理多值属性的情况,本节将提出理想格上的支持多值属性的多授权机构 CP-ABE 方案。

在方案具体构造之前,先对将要用到的满秩差分编码(full - rank differences, FRD)函数进行介绍。

定义 4.8 (满秩差分编码函数[60])令 q 为素数,n 为正整数。当满足如下两个条件时,函数 $H:Z_q^n \to Z_q^{n\times n}$ 被称作满秩差分编码。

- 对于任意的 $u,v \in Z_q^n$ 和 $u \neq v$,矩阵 $\boldsymbol{H}(u)-\boldsymbol{H}(v) \in Z_q^{n\times n}$ 是满秩的;
- $\boldsymbol{H}$ 在 $n\log q$ 的多项式级别的时间内可计算。

该方案包括以下 5 个多项式时间算法,具体构造如下。

①GlobalSetup(λ)→GP:该算法由中央授权机构在系统建立阶段执行。算法输入安全参数 λ,输出系统全局参数 $\mathrm{GP}=q,n,m,\sigma,\alpha,r,f,H,\hat{b},u$。其中,$q=q(\lambda)$ 是素数,$n=n(\lambda)$ 和 $m=m(\lambda)$ 是两个正整数,$\sigma=\sigma(\lambda)$ 和 $\alpha=\alpha(\lambda)$ 是高斯参数,$r>0$,$f\in Z_q[x]$ 是不可约多项式,$\boldsymbol{H}$ 是一个满秩差分编码函数,$\hat{b}\in R_q^m$,$u\in R_q$。

②AASetup(GP,θ)→(APK_θ,ASK_θ):该算法由属性授权机构在系统建立阶段执行。假定系统中每个 AA_θ 负责管理 d_θ 个常规属性,然后为其添加 d_θ 个虚拟属性。系统中所有用户均默认拥有这些虚拟属性。针对每个 AA_θ,用符号 $N_\theta=\{1,2,\cdots,d_\theta\}$ 和 $V_\theta=\{d_\theta+1,\cdots,2d_\theta\}$ 分别表示其管理的常规属性和虚拟属性。假定每个常规属性 i 均与值空间 $R_i\subset Z_q^n\setminus\{0\}$ 相关联。符号 $A_\theta=N_\theta\cup V_\theta$ 表示授权机构 AA_θ 所管理的总属性集。

(a)AA_θ 首先执行陷门生成算法 Ideal - TrapGen 来生成$\hat{g}_\theta$和 $T_{\hat{g}_\theta}$。对于每个属性 $i\in A_\theta$,随机选取向量$\hat{\boldsymbol{a}}_i\in R_q^m$。

(b)算法输出授权机构公钥 $\mathrm{APK}_\theta=\{\hat{g}_\theta\},\{\hat{a}_i\}_{i\in A_\theta}$及其私钥 $\mathrm{ASK}_\theta=\{T_{\hat{g}_\theta}\}$。

③KeyGen(GP,{ASK_θ},gid,S_{gid})→$\mathrm{SK}_{\mathrm{gid}}$:该算法由属性授权机构在用户私钥生成阶段执行。假定用户 gid 拥有属性集 $S_{\mathrm{gid}}=\sum_{\theta\in[N]}S_{\mathrm{gid},\theta}$。该算法运行如下:

(a)CA 首先认证用户身份,然后利用 Shamir 秘密共享技术计算 $u\in R_q$ 的 N 个份额并发送给每个授权机构 $\mathrm{AA}_\theta(1\leqslant\theta\leqslant N)$。具体地,CA 随机选取 $N-1$ 次多项式 $P(x)=u+\sum_{i=1}^{N-1}a_ix^i$,其中 $a_i\leftarrow R_q$。每个 AA_θ 获得相应的秘密份额 $u_\theta=P(\theta)\in R_q$。

(b)针对每个属性授权机构 AA_θ,设置 $A'_\theta=S_{\mathrm{gid},\theta}\cup V_\theta$。$\mathrm{AA}_\theta$ 随机选取 d_θ 次多项式 $P_\theta(x)=u_\theta+\sum_{i=1}^{d_\theta}b_ix^i$,其中 $b_i\leftarrow R_q$。对于每个属性 $i\in A'_\theta$,计算 $u_{\theta,i}=P_\theta(i)\in R_q$。

(c)对于每个常规属性 $i\in S_{\mathrm{gid},\theta}$,$\mathrm{Attr}_i\subset R_i$,$\mathrm{AA}_\theta$ 首先计算

$$\hat{h}_i=\mathrm{Trans}_{M\to v}(\mathrm{Trans}_{v\to M}(\hat{b})\cdot H(\mathrm{Attr}_i))\in R_q^m$$

然后运行理想格上的左抽样算法 Ideal - SampleLeft($\hat{g}_\theta, T_{\hat{g}_\theta}, u_{\theta,i}, \sigma, \hat{a}_i, \hat{h}_i$)并获得$\hat{e}_{\theta,i} \in R_q^{2m}$。

对于每个虚拟属性 $i \in V_\theta$, AA_θ 运行算法 Ideal - SampleLeft($\hat{g}_\theta, T_{\hat{g}_\theta}, u_{\theta,i}, \sigma, \hat{a}_i$, $\hat{b}$)并获得$\hat{e}_{\theta,i} \in R_q^{2m}$。

(d)算法输出用户私钥 $SK_{gid} = \{\{\hat{e}_{\theta,i}\}_{i\in A'_\theta}\}_{\theta\in[N]}$。

④Encrypt($M, \mathbb{A}, GP, \{APK_\theta\}$)→CT:该算法由数据拥有者在数据加密阶段执行。该方案同样支持门限访问结构 $\mathbb{A} = \{T_\theta, t_\theta\}_{\theta\in[N]}$,且对门限的约束条件为 $1 \leqslant t_\theta \leqslant \min\{|T_\theta|, d_\theta\}$。待加密消息 $\boldsymbol{m} = (m_0, m_1, \cdots, m_{n-1})$ 可看作环多项式 $m(x) = m_0 + m_1 x + \cdots + m_{n-1}x^{n-1} \in \mathrm{R_q}$ 的系数向量,其中 $m_i \in \{0,1\}$。

(a) $\forall \theta \in [N]$,令 $T'_\theta = T_\theta \cup \{d_\theta + 1, \cdots, 2d_\theta - t_\theta + 1\}$。设置参数 $d = \max_{\theta=1}^{N}$, $d_\theta = \max\{d_1, d_2, \cdots, d_N\}$, $D = (N!\ (2d)!)^2$。

(b)随机选择元素 $s \leftarrow R_q$, $\hat{y}_1 \in R_q^m$。其中$\hat{y}_1 \sim D_{Z^{mn},\sigma}$。

(c)对于每个常规属性 $i \in T_\theta$, $\mathrm{Attr}_i \subset R_i$,计算

$$\hat{\boldsymbol{h}}_i = \mathrm{Trans}_{M\to v}(\mathrm{Trans}_{v\to M}(\hat{\boldsymbol{b}}) \cdot H(\mathrm{Attr}_i)) \in R_q^m$$

$$\hat{\boldsymbol{f}}_i = (\hat{\boldsymbol{g}}_\theta, \hat{\boldsymbol{a}}_i + \hat{\boldsymbol{h}})^{\mathrm{T}} \in R_q^{2m}$$

对于每个虚拟属性 $i \in V_\theta$,计算

$$\hat{\boldsymbol{f}}_i = (\hat{\boldsymbol{g}}_\theta, \hat{\boldsymbol{a}}_i + \hat{\boldsymbol{b}})^{\mathrm{T}} \in R_q^{2m}$$

(d)令 $T' = \{T'_\theta\}_{\theta\in[N]}$。对于每个属性 $i \in T'$,随机选择$\hat{r}_{i,1}, \hat{r}_{i,2}, \cdots, \hat{r}_{i,m} \in R^m$(其多项式系数均属于{ -1, +1})。然后计算

$$\hat{\boldsymbol{y}}_{i,2} = (\hat{\boldsymbol{y}}_1 \otimes \hat{\boldsymbol{r}}_{i,1}, \hat{\boldsymbol{y}}_1 \otimes \hat{\boldsymbol{r}}_{i,2}, \cdots, \hat{\boldsymbol{y}}_1 \otimes \hat{\boldsymbol{r}}_{i,m})^{\mathrm{T}} \in R_q^m$$

$$c_i = \hat{\boldsymbol{f}}_i s + D\begin{pmatrix} \hat{\boldsymbol{y}}_1 \\ \hat{\boldsymbol{y}}_{i,2} \end{pmatrix} \in R_q^{2m}$$

(e)计算 $c_0 = us + Dx_0 + m \cdot \lfloor q/2 \rfloor$,其中 $x_0 \in R$。

(f)算法输出密文 $CT = \{c_0, c_{i\in T'}\}$。

⑤Decrypt(CT, GP, SK_{gid})→($m \perp$):该算法由用户在数据解密阶段执行。该算法运行如下:

(a) $\forall \theta \in [N]$,如果 $|S_{gid,\theta} \cap T_\theta| < t_\theta$,算法输出 ⊥。否则,满足条件 $|A'_\theta \cap T'_\theta| \geqslant d_\theta + 1$,并令 $J_\theta \subseteq |A'_\theta \cap T'_\theta|$ 且 $|J_\theta| = d_\theta + 1$。

(b)针对属性集 J_θ,计算 $\Sigma_{j\in J_\theta} L_{\theta,j}(\hat{f}_j \otimes \hat{e}_{\theta,j}) = u_\theta$。

(c)计算 $z = c_0 - \Sigma_{\theta\in[N]} L_\theta \Sigma_{j\in J_\theta} L_{\theta,j}(\hat{e}_{\theta,j} \otimes c_j)$。

(d)对于所有的 $i=0,1,\cdots,n-1$：如果 $|z_i|<q4$，则输出 $m_i=0$；否则输出 $m_i=1$。

解密算法正确性分析：

$$z=c_0-\Sigma_{\theta\in[N]}L_\theta\Sigma_{j\in J_\theta}L_{\theta,j}(\hat{e}_{\theta,j}\otimes c_j)$$

$$=c_0-\Sigma_{\theta\in[N]}L_\theta\Sigma_{j\in J_\theta}L_{\theta,j}\left(\hat{e}_{\theta,j}\otimes\left(\hat{f}_jS+D\begin{pmatrix}\hat{\boldsymbol{y}}_1\\ \hat{\boldsymbol{y}}_{i,2}\end{pmatrix}\right)\right)$$

$$=us+Dx_0+m\lfloor q/2\rfloor-\Sigma_{\theta\in[N]}L_\theta u_\theta s-\Sigma_{\theta\in[N]}L_\theta\Sigma_{j\in J_\theta}L_{\theta,j}D\left(\hat{e}_{\theta,j}\otimes\begin{pmatrix}\hat{\boldsymbol{y}}_1\\ \hat{\boldsymbol{y}}_{i,2}\end{pmatrix}\right)$$

$$=m\cdot\lfloor q/2\rfloor+Dx_0-D\Sigma_{\theta\in[N]}L_\theta\Sigma_{j\in J_\theta}L_{\theta,j}\left(\hat{e}_{\theta,j}\otimes\begin{pmatrix}\hat{\boldsymbol{y}}_1\\ \hat{\boldsymbol{y}}_{i,2}\end{pmatrix}\right)$$

$$\approx m\cdot\lfloor q/2\rfloor$$

为了保证数据解密结果的正确性，要求误差干扰项 $\left|Dx_0-D\Sigma_{\theta\in[N]}L_\theta\Sigma_{j\in J_\theta}L_{\theta,j}\left(\hat{e}_{\theta,j}\otimes\begin{pmatrix}\hat{\boldsymbol{y}}_1\\ \hat{\boldsymbol{y}}_{i,2}\end{pmatrix}\right)\right|$ 的每个系数均小于 $q4$。参数选择方法可参照4.5节。

4.7 安全性分析

定理4.1 如果存在一个多项式时间敌手 A 能以不可忽略的优势 ε 攻破本章4.5节所提方案，那么我们可以构造出一个模拟器 B 在多项式时间内以 $\varepsilon/2$ 的优势解决判定性 R－LWE 困难问题。

证明 假设系统中存在 N 个属性授权机构，且每个授权机构 $\mathrm{AA}_\theta(\theta\in[N])$ 管理 d_θ 个常规属性。

R－LWE 抽样实例：模拟器 B 向抽样预言机 O 进行多次询问并获得共 $(\sum_{\theta=1}^{N}2d_\theta m+1)$ 个 R－LWE 抽样实例：

$\{(w_0,v_0)\},\{(w_1^1,v_1^1),(w_1^2,v_1^2),\cdots,(w_1^m,v_1^m)\},\cdots,\{(w^{1N}_{\sum_{\theta=1}2d_\theta},v^{1N}_{\sum_{\theta=1}2d_\theta}),(w^{2N}_{\sum_{\theta=1}2d_\theta},v^{2N}_{\sum_{\theta=1}2d_\theta}),\cdots,(w^{mN}_{\sum_{\theta=1}2d_\theta},v^{mN}_{\sum_{\theta=1}2d_\theta})\}$

初始化:敌手 A 事先宣称一个挑战访问结构 $T_\theta^*, t_\theta^*{}_{\theta\in N}(1\leqslant t_\theta^*\leqslant \min|T_\theta^*|, d_\theta)$,并发送给 B。不失一般性,允许敌手 A 可以最大化地指定被腐化的授权机构列表 $AA_2, AA_3, \cdots, AA_N$,即仅 AA_1 为未被腐化的授权机构。

系统建立:模拟器 B 接收到挑战访问结构信息和被腐化的授权机构列表后,操作如下:

(a)令 $T' = T_1^* \cup \{d_1+1, \cdots, 2d_1 - t_1^* + 1\}$。对于所有的 $i\in T'$,设置 $u = w_0$, $b_i = (w_i^1, w_i^2, \cdots, w_i^m)^{\mathrm{T}}$。对于所有的 $i \in (\sum_{\theta\in[N]} A_\theta)\backslash T'$,运行陷门生成算法 Ideal－TrapGen 以获得 b_i 和 T_{b_i}。

(b)B 发送 $\{\mathrm{APK}_\theta\}_{\theta\in[N]} = \{\{b_i\}_{i\in(\sum_{\theta\in[N]}A_\theta)}, u\}$ 给 A。针对被腐化的授权机构 $\{AA_{\theta'}\}_{\theta'\in([N]\backslash 1)}$,B 还将 $\{\mathrm{ASK}_{\theta'}\} = \{\{T_{b_i}\}_{i\in A_{\theta'}}\}$ 发送给 A。

查询阶段 1:A 提交属性集 S 进行私钥查询,对提交属性的限制条件为 $|S\cap T_1^*| < t_1^*$。进一步可得 $|S'\cap T'|\leqslant d_1$。B 利用 Shamir 秘密共享将 u 分成 N 个份额并给 N 个授权机构。假设 AA_1 获得秘密份额为 $\hat{u}_1\in R_q$。可将 $\hat{u}_1$ 表示为 $p(x) = \hat{u}_1 + a_1x + a_2x^2 + \cdots + a_{d_1}x^{d_1}$,其中 $a_1, a_2, \cdots, a_{d_1}\in R_q$。对于 $i\in(S'\cap T')$:首先选取 $e_i'\in R^m$,然后计算 $u_i = b_i^T e_i'$并设置 $p(i) = u_i$。令 $|S'\cap T'| =$,随机选取 $d_1 - \delta$ 个随机值 $u_{\delta+1}, u_{\delta+2}, \cdots, u_d\in R_q$,设置 $p(i) = u_i$。利用拉格朗日插值法可以确定多项式 $p(x)$,然后可获得关于 S'的所有份额。对于所有的 $i\in S'\backslash T'$,B 可执行理想格上的原像抽样算法 Idea－SamplePre$(b_i, T_{b_i}, u_i,)$以获得 e_i'。最后,B 发送用户私钥 $\mathrm{SK} = e_i | i\in S'$给 A。

挑战:A 提交两个等长的随机消息 m_0, m_1 给 B。$m_0, m_1\in\{0,1\}^n$。B 首先计算 $D = (N!\ (2d)!)^2, d = \max_{\theta=1}^N, d_\theta = \max\{d_1, d_2, \cdots, d_N\}$;然后随机选取 $b\in\{0,1\}$,计算 $c_0 = Dv_0 + m_b\lfloor q/2\rfloor$。对于每个 $i\in T'$,设置 $c_i = (Dv_i^1, Dv_i^2, \cdots, Dv_i^m)$。最后,B 发送$\mathrm{CT}^* = \{c_0, \{c_i | i\in T'\}\}$给 A。

查询阶段 2:同查询阶段 1。

猜测:A 输出猜测 b'给 B。如果 $b' = b$,则 B 猜测预言机 O 为伪随机抽样器 O_s;否则,猜测 O 为真随机抽样器 O_s。

如果 O 为伪随机抽样器,则 CT^* 为有效的挑战密文,此时 A 正确猜测 B 的优势为 ε,故 B 具有同样的优势判断 O 成功。如果 O 为真随机抽样器,则密文在敌手 A 看来是均匀随机的,此时 B 猜测成功的概率为 1/2。综上,模拟器 B 可解决 R－LWE 困难问题的优势为

$$\frac{1}{2}(Pr[b'=b\mid O_s]+Pr[b'=b\mid O_{\$}])-\frac{1}{2}=\frac{1}{2}(\frac{1}{2}+\varepsilon+\frac{1}{2})-\frac{1}{2}=\frac{1}{\varepsilon}$$

定理4.2 如果存在一个多项式时间敌手 A 能以不可忽略的优势 ε 攻破本章 4.6 节所提方案，那么我们可以构造出一个模拟器 B 在多项式时间内以 $\varepsilon/2$ 的优势解决判定性 R－LWE 困难问题。

证明 假设系统中存在 N 个属性授权机构，且每个授权机构 $AA_{\theta}(\theta\in[N])$ 管理 d_{θ} 个常规属性。

R－LWE 抽样实例：模拟器 B 向抽样预言机 O 进行多次询问并获得 $(Nm+1)$ 个 R－LWE 抽样实例 (w_0,v_0)，$\{(w_1^1,v_1^1),(w_1^2,v_1^2),\cdots,(w_1^m,v_1^m)\},\cdots,\{(w_N^1,v_N^1),(w_N^2,v_N^2),\cdots,(w_N^m,v_N^m)\}$。

初始化：敌手 A 声明挑战访问结构 $\{T_{\theta}^*,t_{\theta}^*\}_{\theta\in N}(1\leqslant t_{\theta}^*\leqslant\min|T_{\theta}^*|,d_{\theta})$ 并发送给 B。对于常规属性 $i\in T_{\theta}^*$，$\mathrm{Attr}_i\subset R_i$。不失一般性，假设敌手 A 可以最大化地指定被腐化的授权机构列表 $AA_2,AA_3,\cdots,AA_N$。AA_1 为未被腐化的授权机构。

系统建立：B 收到挑战访问结构和被腐化的授权机构信息后，执行如下：

(a)对于 $\theta\in[N]$，设置 $T'_{\theta}=T_{\theta}^*\cup\{V_{\theta}^*=T_{\theta}^*\cup d_{\theta}+1,\cdots,2d_{\theta}-t_{\theta}^*+1\}$。

(b)针对每个属性授权机构 $AA_{\theta}(1\leqslant\theta\leqslant N)$，B 运行理想格上的陷门生成算法 Ideal－TrapGen 以获得 $\hat{b}_{\theta}$ 和 $T_{\hat{b}_{\theta}}$。然后，B 随机选取一个 FRD 函数 $H:Z_q^n\to Z_q^{n\times n}$，同时设置 $\hat{g}_{\theta}=(w_{\theta}^1,w_{\theta}^2,\cdots,w_{\theta}^m)^{\mathrm{T}}$，$u=w_0$。

(c)对于每个属性 $i\in A_{\theta\in[N]}$，B 随机选择 $\hat{r}_{i,1},\hat{r}_{i,2},\cdots,\hat{r}_{i,m}\in R^m$，其系数均取自 。

(d)对于每个常规属性 $i\in T_{\theta}^*$，B 计算

$$\hat{h}_i=\mathrm{Trans}_{M\to v}(\mathrm{Trans}_{v\to M}(\hat{b}_{\theta})\cdot H(\mathrm{Attr}_i))\in R_q^m$$

$$\hat{a}_i=(\hat{g}_{\theta}\otimes\hat{r}_{i,1},\hat{g}_{\theta}\otimes\hat{r}_{i,2},\cdots,\hat{g}_{\theta}\otimes\hat{r}_{i,m})-\hat{h}_i$$

对于每个虚拟属性 $i\in V_{\theta}^*$，B 计算

$$\hat{a}_i=(\hat{g}_{\theta}\otimes\hat{r}_{i,1},\hat{g}_{\theta}\otimes\hat{r}_{i,2},\cdots,\hat{g}_{\theta}\otimes\hat{r}_{i,m})-\hat{b}_{\theta}$$

对于每个属性 $i\in\{A_{\theta}\backslash T'_{\theta}\}_{\theta\in[N]}$，B 计算

$$\hat{a}_i=(\hat{g}_{\theta}\otimes\hat{r}_{i,1},\hat{g}_{\theta}\otimes\hat{r}_{i,2},\cdots,\hat{g}_{\theta}\otimes\hat{r}_{i,m})$$

(e)最后，B 发送授权机构公钥 $K_{\theta}(\hat{g}_{\theta},\{\hat{a}_i\}_{i\in A_{\theta}},\widehat{b_{\theta}},u,H)$ 给 A，并自己保留 $\{\mathrm{ASK}_{\theta}\}=\{(T_{\hat{b}_{\theta}},(\hat{r}_{i,1},\hat{r}_{i,2},\cdots,\hat{r}_{i,m})_{i\in\{A_{\theta}\}}\}$。此外，允许 B 把被腐化的属性授权机构私钥 $\{\mathrm{ASK}_{\theta}\}_{\theta\in([N]\backslash 1)}$ 发送给 A。

查询阶段 1：A 提交属性集 S 进行私钥查询，对提交属性的限制条件为 $|S\cap T_1^*|<t_1^*$，进一步可得 $|S'\cap T'_1|\leqslant d_1$。B 利用 Shamir 秘密共享技术计算 u 的 N

个份额，并分别发送给 N 个授权机构。

(a)针对被腐化的属性授权机构 $AA_{\theta\in([N]\backslash 1)}$，A 可以通过调用算法 KeyGen 自行产生与被腐化属性有关的私钥。因此，接下来仅需考虑未被腐化的授权机构 AA_1。

(b)假定 AA_1 获得 u 的秘密份额 $\hat{u}_1\in R_q$。可根据 $\hat{u}_1$ 产生多项式 $p(x)=\hat{u}_1+a_1x+a_2x^2+\cdots+a_{d_1}x^{d_1}$，其中 $a_1,a_2,\cdots,a_{d_1}\in R_q$。

(c)对于每个常规属性 $i\in S\cap A_1$，B 首先计算

$$\hat{h}_i=\mathrm{Trans}_{M\to v}(\mathrm{Trans}_{v\to M}(\hat{b}_1)\cdot H(\mathrm{Attr}_i))\in R_q^m$$

设置 $\hat{f}_i=(\hat{g}_1,\hat{a}_i+\hat{h}_i)^{\mathrm{T}}\in R_q^{2m}$。然后，B 随机选取 $\hat{e}_i'\leftarrow D_{Z^{2mn},\sigma}$，计算 $\hat{e}_i=\mathrm{Map}^{-1}(\hat{e}_i')\in R_q^{2m}$，$p(i)=\hat{f}_i\otimes\hat{e}_i$

(d)对于每个虚拟属性 $i\in V_1^*$，B 首先计算 $\hat{f}_i=(\hat{g}_1,\hat{a}_i+\hat{b}_1)^{\mathrm{T}}\in R_q^{2m}$。然后，B 随机选取 $\hat{e}_i'\leftarrow D_{Z^{2mn},\sigma}$，计算 $\hat{e}_i=\mathrm{Map}^{-1}(\hat{e}_i')\in R_q^{2m}$，$(i)=\hat{f}_i\otimes\hat{e}_i$。

(e)令 $|S'\cap T_1'|=\delta$，然后随机选取 $(d_1-\delta)$ 个份额 $u_{\delta+1},u_{\delta+2},\cdots,u_d\in R_q$ 并设置 $p(i)=u_i$。此时，利用拉格朗日插值法可以确定多项式 $p(x)$，并进一步可获得关于 S' 的所有份额。

(f)对于所有的 $i\in V_1\backslash V_1^*$，B 首先计算 $u_i=p(i)$，然后执行理想格上的右抽样算法 Idea－SampleRight$(\hat{g}_1,u_i,\sigma,\hat{a}_i,\hat{b}_1,T_{\hat{b}})$ 以获得 $\hat{e}_i\in R_q^{2m}$。

(g)最后，B 发送私钥 $\mathrm{SK}=\{\hat{e}_i\,|\,i\in S'\}$ 给敌手 A。

挑战：A 提交两个等长的随机消息 m_0,m_1 给 B，$m_0,m_1\in\{0,1\}^n$。B 首先计算 $D=(N!\ (2d)!)^2$，$d=\max_{\theta=1}^{N}d_\theta=\max\{d_1,d_2,\cdots,d_N\}$。然后，B 随机选取 $b\in\{0,1\}$ 并构造密文如下：

(a)计算 $c_0=Dv_0+m_b\lfloor q/2\rfloor$。

(b)对于每个属性 $i\in T'$，令 $\hat{c}_{i,1}=(v_i^1,v_i^2,\cdots,v_i^m)^{\mathrm{T}}$。然后设置

$$c_i=D\begin{pmatrix}\hat{c}_{i,1}\\(\hat{c}_{i,1}\otimes\hat{r}_{i,1},\hat{c}_{i,1}\otimes\hat{r}_{i,2},\cdots,\hat{c}_{i,1}\otimes\hat{r}_{i,m})\end{pmatrix}$$

(c)最后，B 发送挑战密文 $\{c_0,\{c_i\,|\,i\in T'\}\}$ 给 A。

值得注意的是，挑战密文 CT^* 的分布与算法 Encrypt 生成密文的分布是一致的，分析如下：

对于 $i\in T'$，令

$$\hat{f}_i=\begin{pmatrix}\hat{g}_\theta\\(\hat{g}_\theta\otimes\hat{r}_{i,1},\hat{g}_\theta\otimes\hat{r}_{i,2},\cdots,\hat{g}_\theta\otimes\hat{r}_{i,m})\end{pmatrix}$$

$$\hat{c}_{i,1}=(v_i^1,v_i^2,\cdots,v_i^m)^{\mathrm{T}}=(w_i^1,w_i^2,\cdots,w_i^m)^{\mathrm{T}}s^*+(y_i^1,y_i^2,\cdots,y_i^m)^{\mathrm{T}}=\hat{g}_\theta s^*+\hat{y}_1$$

则进一步计算可得

$$\begin{aligned}c_i&=D\begin{pmatrix}\hat{c}_{i,1}\\(\hat{c}_{i,1}\otimes\hat{r}_{i,1},\hat{c}_{i,1}\otimes\hat{r}_{i,2},\cdots,\hat{c}_{i,1}\otimes\hat{r}_{i,m})\end{pmatrix}\\&=\begin{pmatrix}\hat{g}_\theta Ds^*\\(\hat{g}_\theta Ds^*\otimes\hat{r}_{i,1},\hat{g}_\theta Ds^*\otimes\hat{r}_{i,2},\cdots,\hat{g}_\theta Ds^*\otimes\hat{r}_{i,m})\end{pmatrix}+\\&\quad D\begin{pmatrix}\hat{y}_1\\(\hat{y}_1\otimes\hat{r}_{i,1},\hat{y}_1\otimes\hat{r}_{i,2},\cdots,\hat{y}_1\otimes\hat{r}_{i,m})\end{pmatrix}\\&=\hat{f}_i s+D\begin{pmatrix}\hat{y}_1\\\hat{y}_{i,2}\end{pmatrix},\text{其中 } s=Ds^*\end{aligned}$$

查询阶段2:同查询阶段1。

猜测:A 输出猜测 b' 给 B。如果 $b'=b$,则 B 猜测预言机 O 为伪随机抽样器 O_s;否则,猜测 O 为真随机抽样器 O_s。

如果 O 为伪随机抽样器,则 CT^* 为有效的挑战密文,此时 A 猜测 B 正确的优势为 ε,故 B 具有同样的优势判断 O 成功。如果 O 为真随机抽样器,则 B 随机猜测成功的概率为 1/2。综上,模拟器 B 解决 R-LWE 困难问题的优势为

$$\frac{1}{2}(Pr[b'=b\mid O_s]+Pr[b'=b\mid O_\$])-\frac{1}{2}=\frac{1}{2}(\frac{1}{2}+\varepsilon+\frac{1}{2})-\frac{1}{2}=\frac{\varepsilon}{2}$$

即 B 可在多项式时间内以不可忽略的优势 $\frac{\varepsilon}{2}$ 解决 R-LWE 问题,这与困难问题假设相矛盾。

4.8 性能分析

本节将所提方案与方案[17,61]进行了对比分析,包括功能特性和密钥尺寸两方面。表4-4首先对后续使用的符号进行说明。在表4-5中,将本章提出的支持布尔属性的 CP-ABE 方案命名为"本章方案-Ⅰ",将支持多值属性的 CP-ABE 方案命名为"本章方案-Ⅱ"。

从功能特性来看,Chen 方案[17]仅支持单授权机构的情况,使得该方案的应用

场景受限。尽管 Zhang 方案[61] 支持多授权机构,但该方案不支持密文策略类型,这使得数据拥有者无法进行细粒度的权限访问控制。此外,Chen 方案和本章方案 - Ⅱ均支持多值属性。在访问结构方面,所有方案均仅支持门限策略。

在性能比较方面,表 4 - 5 中列出了各个方案的系统公共参数尺寸、系统主密钥尺寸、用户私钥尺寸、明文尺寸以及密文尺寸。所有尺寸的单位均是比特。从表中可以看出,本章所提两个方案和 Chen 方案均是基于理想格上的 R - LWE 构造的,故方案可以每次加密 n 比特明文消息。而 Zhang 方案基于标准格构造,每次仅能加密 1 比特消息。原因在于基于 R - LWE 构造的公钥加密方案中,n 比特的明文消息可以一次性嵌入 n 次环多项式的系数中。此外,本章方案和 Chen 方案因支持灵活的门限访问策略而在系统中增加了虚拟属性,故密钥尺寸均略高于 Zhang 方案。

表 4 - 4　使用符号说明

符号	符号描述
m,n,q	系统公开参数中的元素
s	系统中常规属性的个数
n_k	用户拥有属性的个数
n_c	访问策略中涉及属性的个数
n_d	解密时所需属性的个数
n_a	系统中属性授权机构的个数
h	为简化表示,令 $h = n_c + s - n_d + 1$

表 4 - 5　相关方案对比

方案	Zhang[61]	Chen[17]	本章方案 - Ⅰ	本章方案 - Ⅱ
公参尺寸	$(sm+1)n\log q$	$(2sm+2m+1)n\log q$	$(2sm+1)n\log q$	$(2sm+2m+1)n\log q$
主密钥尺寸	$sm^2\log q$	$m^2n^2\log q$	$2sm^2n^2\log q$	$nAm^2n^2\log q$
私钥尺寸	$n_k m$	$(2n_k+2s)mn\log q$	$(n_k+s)mn\log q$	$(2n_k+2s)mn\log q$
明文尺寸	$\{0,1\}$	$\{0,1\}^n$	$\{0,1\}^n$	$\{0,1\}^n$
密文尺寸	$(n_c+1)m\log q$	$((h+1)m+1)n\log q$	$(hm+1)n\log q$	$((h+n_a-1)m+1)n\log q$
多值属性	×	√	×	√

表 4-5(续)

方案	Zhang[61]	Chen[17]	本章方案-Ⅰ	本章方案-Ⅱ
多授权机构	√	×	√	√
密文策略	×	√	√	√
访问结构	门限	门限	门限	门限
困难问题	LWE	R-LWE	R-LWE	R-LWE

4.9 本章小结

针对目前大多数 CP-ABE 方案不能有效抵御量子攻击的问题,本章基于理想格上的 R-LWE 困难问题构造了支持多授权机构的 CP-ABE 方案。首先,构建了理想格上的陷门生成算法、原像抽样算法及左抽样和右抽样算法;然后,以上述算法为基础,分别提出了支持布尔属性和支持多值属性的多授权机构 CP-ABE 方案。通过为属性授权机构增添虚拟属性,所提方案可支持灵活的门限访问策略。此外,方案利用理想格中的环多项式可一次加密 n 比特消息。安全性分析表明,所提方案在标准模型下具有抗选择明文攻击安全。本章最后从理论方面给出了与其他方案的对比分析。

第 5 章　基于混合协议的安全两方计算

5.1 引　　言

混合协议方法作为提升安全多方计算通用协议效率的主要方法，其主要思想是将复杂计算任务分解成多个简单子任务，通过为每个简单子任务选择最高效的安全多方计算协议以完成对应子任务的高效安全计算，进而实现整个复杂计算任务的高效安全计算。现有利用混合协议方法的许多工作[40-41,43,48]已表明，对于某些复杂计算任务，采用混合协议方法可提供比只使用单一安全多方计算通用协议更好的性能保证。由于安全两方计算(Secure Two - Party Computation, 2PC)是安全多方计算的基石，所以本章先对利用混合协议方法实现 2PC 通用协议的效率提升进行研究，而对 MPC 协议的研究将在下一章中详细展开。

然而，如何安全地实现不同简单子任务之间的连续计算，即如何在前后两个子任务采用不同 2PC 通用协议的情况下，安全地将前一个简单子任务的输出转换成下一个简单子任务的输入，是利用混合协议方法提升 2PC 通用协议效率所需解决的一个关键问题。此问题解决的重点在于简单子任务所选择的 2PC 通用协议，因为不同 2PC 通用协议其计算结果的表现形式是不同的。该表现形式是指数据的秘密份额，其具体可分为算术秘密份额、布尔秘密份额和 Yao 秘密份额。因此，上述不同简单子任务之间的连续安全计算问题可转化为不同类型秘密份额之间的安全转换问题。尽管已经有一些研究工作[40-41,47-48]对这个问题进行了研究，但现有研究工作只能提供低级别的安全保证，即它们要么只支持半诚实模型下的秘密份额转换，要么需要依赖随机预言机假设实现恶意模型下的秘密份额转换。

在可证明安全中，依赖随机预言机假设构造密码学方案，意味着事先假定攻击者不会利用散列函数的弱点来攻击所构造的方案。换言之，该密码学方案是在理想散列函数存在的前提下才能保证安全性的。但这是一种很强的假设，因为现实环境中并不存在理想散列函数。所以,如果一个密码学方案通过借助随机预言机假设被证明是安全的话,那与不借助该假设却能被证明是安全的密码学方案相比,后者可提供的安全性级别更高。此外,需要指出的是,即使一个密码学方案在随机预言机假设下被证明是安全的,但其在具体实现时未必能找到这样一个满足条件的散列函数,以实现该方案在随机预言机假设下的安全性。因此,为在现实环境中提供高级别安全的密码学方案,不依赖于随机预言机假设构造密码学方案一直是密码学研究人员的研究重点。

为了在恶意模型下高效地实现对复杂计算任务的安全两方计算,并在不依赖随机预言机假设的情况下提供高级别的安全性,本章提出了基于混合协议的安全两方计算通用框架。首先,利用同态承诺技术构建了一个恶意模型下的新型密码学工具——可承诺的不经意线性函数评估。然后,利用所构造的可承诺的不经意线性函数评估工具,设计了支持算术秘密份额和布尔秘密份额之间相互转换的2个秘密份额转换协议,并构建了恶意模型下基于混合协议的安全两方计算通用框架。由于所设计的新型密码学工具和基于该工具构建的通用框架均不依赖于随机预言机假设,所以此通用框架可提供比现有研究工作更高级别的安全性。此外,通过理论分析2个秘密份额转换协议的效率,为未来打算在恶意模型下实例化复杂计算任务的开发者提供了重要参考。

5.2 理论知识

5.2.1 两类秘密份额

算术秘密份额。若秘密值 $x \in \mathrm{GF}(2^l)$ 可用两个秘密值 $x_1, x_2 \in \mathrm{GF}(2^l)$ 以加性秘密共享的方式进行拆分,且这三者之间满足关系 $x \equiv (x_1 + x_2) \bmod m(l)$,其中 x_1 和 x_2 分别属于 P_1 和 P_2,$m(l)$ 是 l 次的不可约多项式。那么,秘密值 x 的算术秘密份额可表示为 $[x]^A = (\langle x \rangle_1^A, \langle x \rangle_2^A) = (x_1, x_2)$。

布尔秘密份额。若秘密比特 $x \in \mathrm{GF}(2)$ 可用两个秘密比特 $x_1, x_2 \in \mathrm{GF}(2)$ 以秘密共享的方式进行拆分,且这三者之间满足关系 $x = x_1 \oplus x_2$,其中 x_1 和 x_2 分别属于 P_1 和 P_2。那么,秘密比特 x 的布尔秘密份额表示为 $[x]^B = (\langle x \rangle_1^B, \langle x \rangle_2^B) = (x_1, x_2)$。

5.2.2　两方同态承诺技术

受工作[34,62]的启发,可通过利用同态承诺技术,而不是其他安全两方计算协议中所使用的消息认证码技术,防范恶意参与方在计算过程中使用前后不一致的秘密份额。使用同态承诺技术构建安全两方计算通用协议的主要思想是,让两个参与方分别用同态承诺技术承诺他们各自的输入,然后让这两方分别利用已承诺的输入参与安全两方计算。这样,一旦恶意参与方在协议执行过程中篡改了自己的份额,那么另一参与方将通过是否可以有效打开某些中间值或最终输出的承诺,以发现恶意参与方的这种恶意行为。本章协议构造所需的两方同态承诺功能函数 F_{HCOM} 的定义见表 5-1 所示。该功能函数是工作[34]中两方同态承诺功能函数的简化版,它仅支持标量值 $x \in \mathbb{F}$,而非工作[34]中支持的向量值 $\boldsymbol{x} \in \mathbb{F}^m$。

表 5-1　功能函数 F_{HCOM}

功能函数 F_{HCOM}
功能函数 F_{HCOM} 与两个参与方及攻击者 A 交互 Commit:一旦接收到来自 P_1 的消息(commit,id),发送消息(commit,id)给 A,其中 id 是标识符。如果 A 返回消息(no-corrupt),随机选择 $x_{\mathrm{id}} \in \mathbb{F}$ 并且存储 raw[id] $= x_{\mathrm{id}}$。然后,发送(committed,(id,x_{id}))给 P_1,并且发送(committed,id)给 P_2 和 A。如果 A 返回消息(corrupt,(id,$\bar{x}_{\mathrm{id}}$)),存储 raw[id] $= \bar{x}_{\mathrm{id}}$。发送(committed,(id,$\bar{x}_{\mathrm{id}}$))给 P_1,并且发送(committed,id)给 P_2 和 A Input:一旦接收到来自 P_1 的消息(input,id,y),如果 raw[id] $\neq \perp$ 存储 raw[id] $= \perp$ 和 actual[id] $= y$。发送(input,id)给 P_2 和 A Rand:一旦接收到来自 P_1 的消息(random,id),如果 raw[id] $= x_{\mathrm{id}} \neq \perp$ 存储 raw[id] $= \perp$ 和 actual[id] $= x_{\mathrm{id}}$。发送(random,id)给 P_2 和 A Linear Combination:一旦接收到来自 P_1 的消息(linear,$\{(\mathrm{id},\alpha_{\mathrm{id}})\}_{\mathrm{id}\in \mathrm{ID}}$,β,id′),其中 α_{id},$\beta \in \mathbb{F}$,ID 是所有 id 的集合,如果 actual[id] $= x_{\mathrm{id}} \neq \perp$ 和 raw[id′] = actual[id′] $= \perp$ 存储 raw[id′] $= \perp$ 和 actual[id′] $= \sum_{\mathrm{id}\in \mathrm{ID}} (\alpha_{\mathrm{id}} \cdot x_{\mathrm{id}}) + \beta$。发送(linear,$\{(\mathrm{id},\alpha_{\mathrm{id}})\}_{\mathrm{id}\in \mathrm{ID}}$,β,id′)给 P_2 和 A Open:一旦接收到来自 P_1 的消息(open,id),如果 actual[id] $= x_{\mathrm{id}} \neq \perp$ 发送(opened,x_{id})给 P_2 和 A

如表5－1所示，对于命令Commit，它使得P_1可以向P_2承诺某个随机值$x \in \mathbb{F}$。通过调用该命令，P_1将持有承诺值组合$[[x]]_1 = \{x, \langle x \rangle_1\}$，$P_2$将持有承诺$[x]_1$，其中$\langle x \rangle_1$是承诺值$x$的打开信息。为了使$P_1$可以按照它的需要承诺某个特定值$y$，它可以先调用命令Commit生成某个随机值的承诺，然后调用命令Input使得P_1持有承诺值组合$[[y]]_1 = \{y, \langle y \rangle_1\}$，$P_2$持有承诺$[y]_1$。如果$P_1$仅仅需要向$P_2$承诺某个随机值，那么它可以直接调用命令Rand。当P_1需要向P_2打开先前被承诺的值x时，它可以调用命令Open将打开信息$\langle x \rangle_1$发送给P_2。此时，P_2根据它所拥有的信息就可以打开P_1先前向它承诺功能函数的值x。对于命令Linear Combination，它可以支持如下三种操作.

(a)加法：当P_1调用命令$(\text{linear}, \{(\text{id}_1, 1), (\text{id}_2, 1)\}, 0, \text{id}')$以得到新的被承诺值$[[x_{\text{id}_1} + x_{\text{id}_2}]]_1$时，$P_1$本地计算$\{(x_{\text{id}_1} + x_{\text{id}_2}), (\langle x_{\text{id}_1} \rangle_1 + \langle x_{\text{id}_2} \rangle_1)\}$，且$P_2$本地计算$([x_{\text{id}_1}]_1 + [x_{\text{id}_2}]_1)$，其中$x_{\text{id}_1} + x_{\text{id}_2} = x_{\text{id}'}$，$\langle x_{\text{id}_1} \rangle_1 + \langle x_{\text{id}_2} \rangle_1 = \langle x_{\text{id}_1} + x_{\text{id}_2} \rangle_1 = \langle x_{\text{id}'} \rangle_1$且$[x_{\text{id}_1}]_1 + [x_{\text{id}_2}]_1 = [x_{\text{id}_1} + x_{\text{id}_2}]_1 = [x_{\text{id}'}]_1$。

(b)常量加法：当P_1调用命令$(\text{linear}, \{(\text{id}_1, 1)\}, \beta, \text{id}')$以得到新的被承诺值$[[x_{\text{id}_1} + \beta]]_1$时，$P_1$本地计算$\{(x_{\text{id}_1} + \beta), (\langle x_{\text{id}_1} \rangle_1 + \beta)\}$，且$P_2$本地计算$([x_{\text{id}_1}]_1 + \beta)$，其中$x_{\text{id}_1} + \beta = x_{\text{id}'}$，$\langle x_{\text{id}_1} \rangle_1 + \beta = \langle x_{\text{id}_1} + \beta \rangle_1 = \langle x_{\text{id}'} \rangle_1$且$[x_{\text{id}_1}]_1 + \beta = [x_{\text{id}_1} + \beta]_1 = [x_{\text{id}'}]_1$。

(c)常数乘法：当P_1调用命令$(\text{linear}, \{(\text{id}_1, \alpha)\}, 0, \text{id}')$以得新的被承诺值$[[\alpha \cdot x_{\text{id}_1}]]_1$时，$P_1$本地计算$\{(\alpha \cdot x_{\text{id}_1}), (\alpha \cdot \langle x_{\text{id}_1} \rangle_1)\}$，且$P_2$本地计算$(\alpha \cdot [x_{\text{id}_1}]_1)$，其中$\alpha \cdot x_{\text{id}_1} = x_{\text{id}'}$，$\alpha \cdot \langle x_{\text{id}_1} \rangle_1 = \langle \alpha \cdot x_{\text{id}_1} \rangle_1 = \langle x_{\text{id}'} \rangle_1$且$\alpha \cdot [x_{\text{id}_1}]_1 = [\alpha \cdot x_{\text{id}_1}]_1 = [x_{\text{id}'}]_1$。

5.2.3 其他功能函数

掷币功能函数。该功能函数F_{CT}的定义见表5－2所示。功能函数F_{CT}可以使得两个参与方P_1和P_2在恶意模型中就n个随机值$\{x_i \in \mathbb{F}\}_{i \in [1\ n]}$的生成达成一致。

表 5-2 功能函数 F_{CT}

功能函数 F_{CT}
功能函数 F_{CT} 与两个参与方 P_1 和 P_2，以及攻击者 A 交互 • 一旦接收到来自 P_1 的消息(toss,n)，其中 n 是两个参与方同意生成随机值的数量，发送消息(toss,n)给 A。然后，随机选择 n 个值 $\{x_i \in \mathbb{F}\}_{i\in[1,n]}$ 并且发送(random, $\{x_i\}_{i\in[1,n]}$)给 A • 如果 A 返回消息(continue)，发送(random, $\{x_i\}_{i\in[1,n]}$)给 P_1 和 P_2。否则，发送消息(abort)给 P_1 和 P_2

不经意线性函数评估功能函数。该功能函数 F_{OLE} 定义见表 5-3 所示。功能函数 F_{OLE} 旨在使持有输入 x 的接收方与持有输入(a,b)的发送方在相互交互之后，接收方除了得到输出 $a \cdot x + b$ 外不知道其他任何额外信息，且发送方什么信息也无法得到，即发送方不知道接收方的输入 x，且接收方不知道发送方的输入(a,b)。

表 5-3 功能函数 F_{OLE}

功能函数 F_{OLE}
功能函数 F_{OLE} 与发送方 S、接收方 R、和攻击者 A 交互 • 一旦接收到来自 S 的消息(ole,(a,b))，发送(ole)给 A，其中 $a,b \in \mathbb{F}$ • 一旦接收到来自 R 的消息(choice,x)，发送(choice)给 A，其中 $x \in \mathbb{F}$。如果从 S 接收到消息(ole,(a,b))，发送(output,$a \cdot x + b$)给 R，(output, $\perp$)给 S

5.3 可承诺的不经意线性函数评估

不经意线性函数评估（oblivious linear evaluation, OLE）是不经意多项式函数评估[63]（oblivious polynomial evaluation, OPE）的特例。与 OPE 技术专注于解决 k 次多项式函数 $P(x) = a_0 + a_1x + a_2x^2 + ... + a_kx^k$ 的安全计算不同，OLE 技术实现了 1 次线性函数 $f(x) = ax + b$ 安全计算。具体而言，OLE 技术可以使得当持有线性函数 $f(x) = ax + b$ 中参数 a 和 b 的发送方，与持有该函数自变量 x 的接收方，在执行完 OLE 协议后，接收方可以获得线性函数 $f(x) = ax + b$ 的计算结果，但却不知道发送方所持有参数 a 和 b 的任何信息，而发送方对接收方所持有的自变量 x 一无所知。OLE 技术是不经意传输（oblivious transfer, OT）技术的泛化版本。它将

OT 技术在布尔域 GF(2)上所支持的数值操作扩展到了有限域 $\mathbb{F}$ 上。因此,在安全多方计算领域,OLE 技术也被认为是构造基于算术电路安全多方计算通用协议的关键技术,它起到了类似于 OT 技术在构造基于布尔电路安全多方计算通用协议时的安全传输数据作用。

受可承诺的不经意传输(committed oblivious transfer, COT)技术[64]启发,本章在恶意模型下提出了可承诺的不经意线性函数评估(committed oblivious linear evaluation, C-OLE)技术。通过使用该技术,当接收方输入被承诺的自变量$[[X]]_R$,且发送方输入被承诺的系数参数$[[A]]_S$和$[[B]]_S$时,接收方可以收到线性函数 $Z=AX+B$ 被承诺的计算结果$[[Z]]_R$而不知道发送方的输入 A 和 B,且发送方不知道接收方接收到的计算结果 Z 值。本章所提出的 C-OLE 技术同现有的 1 次 OPE 技术和 OLE 技术相比,具有额外优势。具体而言,通过让发送方和接收方在协议一开始就对他们各自的输入进行承诺操作,而不是仅对 OLE 协议中的中间值进行承诺操作,这样做不仅可以有效防范恶意攻击者在 OLE 协议执行过程中的恶意行为,还可以防止恶意发送方或者接收方为该线性函数的计算提供错误输入。除此之外,C-OLE 技术还可使得接收方直接为与 OLE 协议相衔接的下一阶段安全计算协议提供被承诺的输入值,即接收方通过利用 C-OLE 技术计算得到的被承诺的计算结果$[[Z]]_R$,可以将其直接作为下一阶段协议中被承诺的输入值直接使用,避免了下一阶段协议单独对计算结果 Z 进行承诺操作。

由于工作[34]是当前最先进的基于同态承诺技术的安全计算工作,它可以在不依赖于随机预言机假设的情况下提供恶意安全性,并且可以支持在任何有限域上的操作,而不仅仅是布尔域。因此,为在不依赖于随机预言机假设的情况下提供恶意安全性,该工作是实现安全两方计算的首选。考虑到本章工作要在不依赖随机预言机假设的前提下构建恶意模型下基于混合协议的安全两方计算框架,为最大限度地兼容现有恶意安全的安全两方计算协议,减少将一种秘密份额转换为另一种秘密份额时的不必要开销,本章提出的 C-OLE 技术将利用工作[34]中的同态承诺技术,以更好地实现同[34]的兼容性。通过利用本章所提出的 C-OLE 技术构建不同种类秘密份额之间的转换协议,尤其适合前一阶段或者后一阶段的子任务是采用工作[34]完成安全两方计算的情况。如果利用其他 1 次 OPE 或 OLE 技术代替本章所提出的 C-OLE 技术构建不同种类秘密份额之间的转换协议,这不仅要求该 OPE 或 OLE 技术可以提供在不依赖随机预言机假设情况下的恶意安全性,而且其他不依赖随机预言机假设的恶意安全承诺方案也需要在调用完该 OPE 或 OLE 函数之后进行调用,从而达到和使用本章所提出的 C-OLE 技术一样的安全性保障。当前一阶段或者后一阶段的子任务不采用工作[34]完成安全两方计算时，尽管其他基于恶意安全的1次OPE或OLE技术可以被使用，但是接收方不得不再额外使用一个不依赖随机预言机假设的恶意安全承诺协议，以完成对计算结果的有效承诺，从而使得下一阶段子任务可以毫无顾虑地将上一阶段的计算结果直接作为下一阶段子任务的输入。因此，本章在恶意模型下提出的新型密码学工具——可承诺的不经意线性函数评估，将为许多研究者在未来构建不依赖于随机预言机假设的其他安全计算协议提供新思路。

C-OLE工具的构造主要包括两个关键步骤：(1)构造一个可承诺的随机不经意线性函数评估协议(committed random oblivious linear evaluation, C-ROLE)；(2)将C-ROLE协议转化为C-OLE协议。下面的两小节将分别对上述两个关键步骤进行阐述。

5.3.1 可承诺的随机不经意线性函数评估协议

C-ROLE协议主要涉及四个阶段：初始化阶段、cut-and-choose阶段、牺牲阶段和组合阶段。所构造的C-ROLE协议见表5-4所示，其中每个阶段的具体内容阐述如下：

(1)初始化阶段：这个阶段的主要目标是让发送方和接收方准备足量的原始四元组($[[x]]_R,[[a]]_S,[[b]]_S,[[z]]_R$)以满足后续阶段的使用，其中$z=a\cdot x+b$如果发送方和接收方是诚实的。

为了简化描述，以一个原始四元组的生成为例进行说明。首先，发送方和接收方调用5.2.2节中提供的两方同态承诺功能函数F_{HCOM}，使得发送方提供输入a,b就可获得被承诺的值$[[a]]_S,[[b]]_S$，且接收方提供输入x,z可以得到被承诺的值$[[x]]_R,[[z]]_R$，其中，四个值a、b、x、z相互独立。然后，双方调用OLE功能函数F_{OLE}以构造足够多的原始四元组($[[x]]_R,[[a]]_S,[[b]]_S,[[z]]_R$)。但这些四元组可能是格式不正确的(即$z\neq a\cdot x+b$)或者是会泄露其他相关信息的(Leaky)。对于泄露的四元组($[[x]]_R,[[a]]_S,[[b]]_S,[[z]]_R$)，它是指发送方在使用OLE功能函数$F_{OLE}$时，可以发动选择性失败攻击以得到接收方的输入$x$(即$x$是可以被泄露给发送方的)。具体地，如果发送方在函数F_{OLE}中正确猜测了输入x，那么接收方将得到正确的输出$z=a\cdot x+b$，协议会正常进行，无异常信号返回；否则，接收方会得到错误的输出$\tilde{z}$，这会导致它在后续协议执行的过程中返回终止信号，并终止协议的执行。所以，发送方可以根据接收方是否返回终止信号，以判断自己是否猜对了值 x。除了生成 $\tau_1+\tau_1\cdot\tau_2\cdot T$ 个原始四元组之外，发送方还需要生成 $(\tau_1-1)\cdot\tau_2\cdot T$ 个被承诺的随机二元组（$[[s]]_S$，$[[t]]_S$）以用于组合阶段中的正确性检查协议，其中随机值 s 和 t 相互独立。

（2）Cut - and - Choose 阶段：为了得到足量正确的原始四元组（$[[x]]_R$，$[[a]]_S$，$[[b]]_S$，$[[z]]_R$），双方随机选择 τ_1 个四元组进行检查。具体地，双方首先调用掷币功能函数 F_{CT} 随机选择 τ_1 个四元组。然后，对于每个所选的四元组（$[[x]]_R$，$[[a]]_S$，$[[b]]_S$，$[[z]]_R$），发送方向接收方打开值 a 和 b，接收方检查 $z=a\cdot x+b$ 是否成立。基于文献[34]中的推论 4.1，如果所有 τ_1 个四元组都通过了相等性检查，那么将初始化阶段所生成的剩余原始四元组划分到每个容量为 τ_1 的桶中，且至少存在一个正确的原始四元组的概率是不可忽略的。换言之，存在一个容量为 τ_1 的桶其所包含的所有原始四元组都是错误的概率是可忽略的。如果不是所有 τ_1 个四元组都通过了相等性检查，则协议终止执行。

推论 5.1 （文献[34]中的推论 4.1）当 $s\leqslant\log_2\left(\frac{(N\cdot\tau_1+\tau_1)!}{N\cdot\tau_1!\cdot(N\cdot\tau_1)!}\right)$，其中 $N=\tau_1+\tau_1\cdot\tau_2\cdot T$ 是初始化阶段生成的原始四元组个数，通过打开操作检查 τ_1 个四元组，则每个 τ_1 容量的桶中存在至少一个正确四元组的概率是不可忽略的。

（3）牺牲阶段：为了从上一阶段处理过的剩余 $\tau_1\cdot\tau_2\cdot T$ 个四元组中得到 $\tau_2\cdot T$ 个正确的原始四元组，双方通过调用功能函数 F_{CT} 统一将上述 $\tau_1\cdot\tau_2\cdot T$ 个剩余的四元组划分到 $\tau_2\cdot T$ 个容量为 τ_1 的桶中。由于经过 Cut - and - Choose 阶段的处理，可以保证每个桶中至少存在一个正确的原始四元组，因此通过为每个桶调用见表 5 - 5 所示的正确性检查协议 Π_{CC}，并丢弃该桶中的其他 τ_1-1 个四元组，就可得到被确认正确的一个四元组。对于协议 Π_{CC} 中的步骤 5，具体解释如下：根据 5.2.2节所定义的对某个值 x 的打开操作，需要一方将打开信息 $\langle x\rangle$ 发送给持有承诺 x 的另一方，使得另一方可以恢复得到值 x。因此，发送方向接收方打开值 $-b_2-s-t$ 意味着发送方发送的打开信息 $<-b_2-s-t>$ 无法被伪造为 $<(-b_2-s-t)'>$，使得诚实接收方可以有效打开伪造值 $(-b_2-s-t)'$，并且当 $e=(-b_2-s-t)'$ 且 q_1 不正确时通过检查。此外，正确性检查协议的执行还需要 $(\tau_1-1)\cdot\tau_2\cdot T$ 个在初始化阶段生成的被承诺的随机二元组（$[[s]]_S$，$[[t]]_S$）。由于本协议的牺牲阶段同[35]中的牺牲阶段类似，因而在这里省略了详细的正确性和安全性分析。但是，为了保证本章工作的完整性，提供下面的引理，以说明经过牺牲阶段获得 $\tau_2\cdot T$ 个正确原始四元组的概率是不可忽略的。

表 5-4　C-ROLE 协议

协议 $\Pi_{\text{C-ROLE}}$
1. 初始化阶段 (a) 发送方和接收方调用函数 F_{HCOM}，以生成 $\tau_1+\tau_1\cdot\tau_2\cdot T$ 个四元组 $([[x]]_R,[[a]]_S,[[b]]_S,[[z]]_R)$ 和 $(\tau_1-1)\cdot\tau_2\cdot T$ 个二元组 $([[s]]_S,[[t]]_S)$，其中 $x,a,b,z,s,t\in\mathbb{F}$ 且相互独立 (b) 定义 $\tau_1+\tau_1\cdot\tau_2\cdot T$ 个四元组中的每一个四元组为 $([[x]]_R,[[a]]_S,[[b]]_S,[[z]]_R)$ (i) 发送方提供输入 (a,b)，且接收方提供输入 x，以调用函数 F_{OLE}。然后，函数 F_{OLE} 返回值 $a\cdot x+b$ 给接收方，接收方设置 $u:=a\cdot x+b$ (ii) 接收方计算并发送值 $t:=u-z$ 给发送方。然后，两方本地计算 $[[z]]_R:=[[z]]_R+t$ 2. Cut-and-Choose 阶段 (a) 两方调用函数 F_{CT} 以从上一阶段生成的 $\tau_1+\tau_1\cdot\tau_2\cdot T$ 个四元组中均匀且随机地选择 τ_1 个四元组 (b) 定义 τ_1 个四元组中的每一个四元组为 $([[x]]_R,[[a]]_S,[[b]]_S,[[z]]_R)$。发送方向接收方打开值 a 和 b。然后，接收方本地验证等式 $z=a\cdot x+b$ 是否成立。如果不成立，接收方终止协议；否则的话，丢弃该四元组 3. 牺牲阶段 (a) 两方调用函数 F_{CT} 以将从上一阶段剩余的 $\tau_1\cdot\tau_2\cdot T$ 个四元组均匀且随机地分到 $\tau_2\cdot T$ 个容量为 τ_1 的桶中。定义在第 i 个桶里的四元组集合为 $Q_i=\{q_1,q_2,\dots,q_{\tau_1}\}$，其中 $i\in[1,\tau_2\cdot T]$ (b) 对于每个桶 Q_i，两方利用 (τ_1-1) 个二元组 $([[s]]_S,[[t]]_S)$ 执行正确性检查协议 $\Pi_{\text{CC}}(q_1,q_2)$，其中 $k\in[2,\tau_1]$。如果发送方和接收方在 (τ_1-1) 次调用中没有终止，设置四元组 q_1 作为桶 Q_i 的正确四元组，并且丢弃其他 τ_1-1 个四元组；否则，协议终止 4. 组合阶段 (a) 两方调用函数 F_{CT}，以将上一阶段剩余的 $\tau_2\cdot T$ 个四元组均匀且随机地划分到容量为 τ_2 的 T 个桶里。定义每个桶中的四元组集合为 $\{([[x_k]]_R,[[a_k]]_S,[[b_k]]_S,[[z_k]]_R)\}_{k\in[1,\tau_2]}$

表 5-4(续)

(b)对于每个桶

(i)两方计算 $[[x']]_R := [[\sum_{k=1}^{\tau_2} x_k]]_R$, $[[a']]_S := [[a_1]]_S$, $[[b']]_S := [[\tau_2 \cdot b_1]]_S$

(ii)对于每个 $k \in [2, \tau_2]$,两方计算并打开 $[[\varepsilon_k]]_S := [[a_1 - a_k]]_S$, $[[\zeta_k]]_S := [[b_1 - b_k]]_S$

(iii)两方计算 $[[z']]_R := [[z_1 + \sum_{k=2}^{\tau_2} (\varepsilon_k \cdot x_k + \zeta_k + z_k)]]_R = [[a' \cdot x' + \tau_2 \cdot b_1]]_R$,并且输出($[[x']]_R$, $[[a']]_S$, $[[b']]_S$, $[[z']]_R$)作为该桶的最终结果

引理 5.1 当 $2^{-s} \leqslant \frac{(|\mathbb{F}|-1)^{1-\tau_1} \cdot \tau_2 \cdot T \cdot (\tau_1 \cdot \tau_2 \cdot T)! \cdot \tau_1!}{(\tau_1 \cdot \tau_2 \cdot T + \tau_1)!}$ 时,牺牲阶段将以 $1-2^{-s}$ 的概率生成 $\tau_2 \cdot T$ 个正确原始四元组。

表 5-5 正确性检查协议

协议 $\Pi_{CC}(q_1, q_2)$

1. 发送方和接收方输入两个原始随机四元组 $q_1 = ([[x_1]]_R, [[a_1]]_S, [[b_1]]_S, [[z_1]]_R)$ 和 $q_2 = ([[x_2]]_R, [[a_2]]_S, [[b_2]]_S, [[z_2]]_R)$ 。此外,发送方还输入一个二元组($[[s]]_S$, $[[t]]_S$)

2. 两方调用函数 F_{CT} 以均匀且随机地选择值 $r \in \mathbb{F} \backslash \{0\}$

3. 两方本地计算和设置 $[[\varepsilon]]_R := r \cdot [[x_1]]_R - [[x_2]]_R$ 和 $[[\rho]]_S := [[a_1]]_S - [[a_2]]_S$。然后,他们相互向对方打开值 ε 和 ρ

4. 两方本地计算 $[[\varepsilon \cdot a_2]]_S$, $[[\varepsilon \cdot a_2 + s]]_S$ 和 $[[r \cdot b_1 + t]]_S$。然后,发送方向接收方打开值 $\varepsilon \cdot a_2 + s$ 和 $r \cdot b_1 + t$

5. 两方本地计算:$[[e]]_R := r \cdot [[z_1]]_R - [[z_2]]_R - (\varepsilon \cdot a_2 + s) - \rho \cdot [[x_2]]_R - \rho \cdot \varepsilon - (r \cdot b_1 + t)$。然后,接收方向发送方打开值 e,发送方检查等式 $e = -b_2 - s - t$ 是否成立。如果等式成立,则发送方输出值 q_1;否则,发送方终止协议。与此同时,发送方向接收方打开值 $-b_2 - s - t$,接收方检查等式 $e = -b_2 - s - t$ 是否成立。如果等式成立,则接收方输出值 q_1;否则,接收方终止协议

(4)组合阶段:为了从牺牲阶段处理过的 $\tau_2 \cdot T$ 个正确原始四元组中生成 T 个

非泄露且正确的四元组,双方将对 T 个桶中每个桶里的 τ_2 个四元组进行组合,以消除接收方输入值 x 泄露的可能性。此阶段的工作遵循引理5.2,即将足量的四元组划分到多个容量为 τ_2 的桶中,存在这样一个桶其 τ_2 个四元组均是泄露的概率是可忽略的。因此,通过将 T 个桶中 τ_2 个四元组进行组合,可以消除在值 x 上的泄露。具体地,对于每个桶中的 τ_2 个四元组 $\{([[x_k]]_R,[[a_k]]_S,[[b_k]]_S,[[z_k]]_R)\}_{k\in[1,\tau_2]}$,两方首先计算并设置 $[[x']]_R := [[\sum_{k=1}^{\tau_2} x_k]]_R$, $[[a']]_S := [[a_1]]_S$, $[[b']]_S := [[\tau_2 \cdot b_1]]_S$。然后,为实现 $[[a' \cdot x' + b']]_R$ 的计算,对于每个 $k\in[2,\tau_2]$,双方计算并打开已承诺的 $[[\varepsilon_k]]_S := [[a_1 - a_k]]_S$ 和 $[[\zeta_k]]_S := [[b_1 - b_k]]_S$。这使得两方可通过各自本地计算 $[[z_1 + \sum_{k=2}^{\tau_2}(\varepsilon_k \cdot x_k + \zeta_k + z_k)]]_R$,得到 $[[a' \cdot x' + b']]_R$。最后,两方输出四元组 $([[x']]_R,[[a']]_S,[[b']]_S,[[z']]_R)$ 作为该桶最终的非泄露且正确的四元组。由于存在 T 个桶,通过对每个桶执行上述操作,共计可获得 T 个非泄露且正确的四元组。C-ROLE 协议的安全性由定理5.1定义,相应的安全性分析在5.6节中提供。

引理5.2　通过将至少 $\sqrt[\tau_2-1]{\frac{(s\cdot e)^{\tau_2}\cdot 2^s}{\tau_2}}$ 个四元组划分到多个容量 τ_2 大小的桶中,每个容量为 τ_2 的桶至少存在一个非泄露四元组的概率是不可忽略的。

5.3.2　可承诺的不经意线性函数评估协议

基于上一节所构建的 C-ROLE 协议,本节通过构造见表5-6所示的 C-OLE 协议,将针对随机值的 C-ROLE 协议转换为针对特定值的 C-OLE 协议,具体说明如下:

表5-6　协议 C-OLE

协议 $\Pi_{\text{C-ROLE}}$
1. 通过调用协议 $\Pi_{\text{C-ROLE}}$,发送方和接收方输入非泄露且正确的随机四元组 $([[x]]_R,[[a]]_S,[[b]]_S,[[z]]_R)$。通过调用函数 F_{HCOM},发送方和接收方输入特定的被承诺值 $([[X]]_R,[[A]]_S,[[B]]_S)$
2. 两方调用函数 F_{HCOM} 中的 Linear Combination 命令,以计算并设置 $[[M]]_R := [[x - X]]_R$。然后,通过执行函数 F_{HCOM} 中的 Open 命令,接收方向发送方打开值 M

表 5-6(续)

3. 两方调用函数 F_{HCOM} 中的 Linear Combination 命令,以计算并设置$[[\alpha]]_S := [[a + A]]_S$ 和$[[\beta]]_S := [[aM + B + b]]_S$。然后,通过调用函数 F_{HCOM} 中的 Open 命令,发送方向接收方打开值 a 和 B
4. 两方调用函数 F_{HCOM} 中的 Linear Combination 命令,以计算并输出计算结果$[[Z]]_R := [[\alpha X + \beta - z]]_R = [[AX + B]]_R$

C-OLE 协议可以使得两个参与方通过利用 C-ROLE 协议所生成的非泄露且正确的随机四元组($[[x]]_R, [[a]]_S, [[b]]_S, [[z]]_R$),进一步生成承诺值$[[Z]]_R = [[AX + B]]_R$,其中 X、A 和 B 是发送方和接收方的特定输入值而非随机值。具体地,发送方和接收方都计算并设置$[[M]]_R := [[x - X]]_R$。然后,接收方向发送方打开值 M。之后,双方计算并设置$[[\alpha]]_S := [[a + A]]_S$ 和$[[\beta]]_S := [[aM + B + b]]_S$。然后,发送方向接收方打开值 a 和 β。最后,双方计算并输出结果$[[Z]]_R := [[\alpha X + \beta - z]]_R = [[aX + AX + ax - aX + B + b - (ax + b)]]_R = [[AX + B]]_R$。C-OLE 协议的安全性由定理 5.1 定义,相应的安全性分析在 5.5 节中提供。

5.4 基于混合协议的两方安全计算通用框架

5.4.1 通用框架

对于复杂计算任务而言,通过将其分解成多个简单子任务,并对每个子任务采用与之相匹配的高效 2PC 通用协议,以实现对该复杂计算任务的整体高效安全两方计算,是构建基于混合协议的安全两方计算通用框架的主要思想。但如果连续两个子任务所分别采用的 2PC 通用协议中的秘密份额类型是不相同的,如何保证前一子任务的输出可以安全且正确地转换为下一子任务的输入,就成了构建基于混合协议的安全两方计算通用框架所需解决的关键问题。为此,本章构建了如图

5－1 所示的基于混合协议的安全两方计算通用框架。具体地，对于某个复杂计算任务 T，首先将其分解为 m 个简单子任务，并通过在采用不同秘密份额 2PC 通用协议计算的两个连续子任务之间，构建如图 5－1 所示的三层结构，可有效解决上述问题并实现该复杂任务 T 的连续高效安全两方计算。

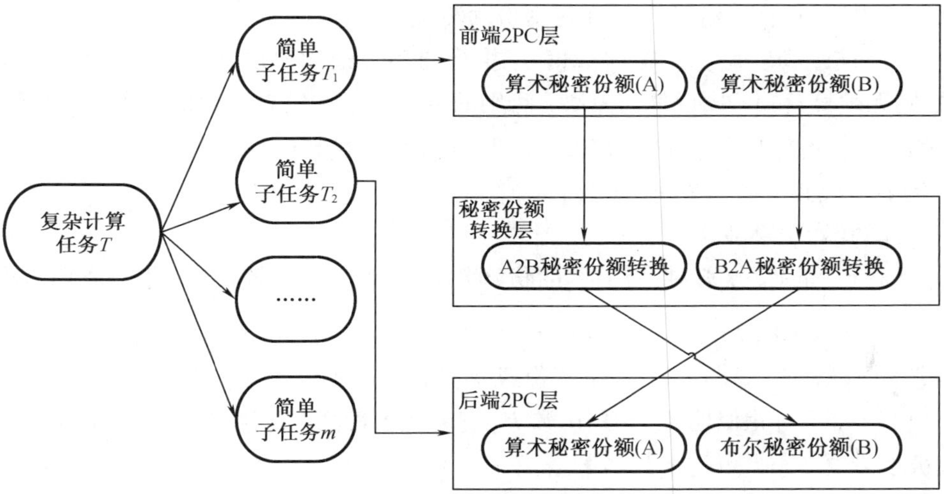

图 5－1　面向复杂计算任务的恶意模型下基于混合协议的 2PC 通用框架

以子任务 1 和子任务 2 为例，如果子任务 1 采用基于算术秘密份额的 2PC 通用协议进行计算，而子任务 2 采用基于布尔秘密份额的 2PC 通用协议计算。那么在子任务 1 完成之后，则需要两个参与方执行 A2B 秘密份额转换协议，以保证子任务 1 利用基于算术秘密份额 2PC 通用协议得到的输出，可以安全且正确地转换为子任务 2 利用基于布尔秘密份额 2PC 通用协议计算时所需的输入。如图 5－1 所示，基于混合协议的安全两方计算通用框架的三层架构，具体如下。

(1)前端 2PC 层：两个参与方执行基于某种秘密份额的 2PC 通用协议。根据所执行的 2PC 通用协议是否基于同态承诺技术，两个参与方判断是否需要在这一层对他们各自输出的秘密份额进行承诺。

(2)秘密份额转换层：根据前端 2PC 层输出的秘密份额类型，两个参与方执行特定的秘密份额转换协议，以获得后端 2PC 层所需秘密份额类型的输入。此层所需的 A2B 和 B2A 秘密份额转换协议将在 5.4.2 节具体介绍。

(3)后端 2PC 层：基于上一层转换后的秘密份额，两个参与方可执行与前端

2PC 层中不同秘密份额类型的 2PC 通用协议。

5.4.2 支持算术和布尔秘密份额之间相互转换的协议

A2B 秘密份额转换协议。为将秘密值 x 从 $[x]^{\mathrm{A}}$ 转换为 $[x]^{\mathrm{B}}$,遵循图 5－7 所示的通用框架结构,构建了 A2B 秘密份额转换协议,具体如下。

(1)前端 2PC 层:如果前端 2PC 层执行的 2PC 通用协议是基于同态承诺技术的,则无须 P_1 和 P_2 执行其他操作。否则的话,P_1 和 P_2 需要调用函数 F_{HCOM} 以承诺他们各自持有输出 $[x]^{\mathrm{A}}$ 的秘密份额。即 P_1 需要生成其份额 x_1 的承诺值 $[[x_1]]_1$,P_2 需要生成其份额 x_2 的承诺值 $[[x_2]]_2$。

(2)秘密份额转换层:

(a)P_1 和 P_2 分别对其 $[x]^{\mathrm{A}}$ 的份额执行本地比特分解操作,即 $x_1 \in \mathrm{CF}(2^l) \xrightarrow{D} \{x_1'[i] \in \mathrm{CF}(2)\}_{i\in[0,l-1]}$ 和 $x_2 \in \mathrm{CF}(2^l) \xrightarrow{D} \{x_2'[i] \in \mathrm{CF}(2)\}_{i\in[0,l-1]}$。然后,$\mathrm{P}_1$ 调用函数 F_{HCOM} 来承诺其秘密份额 x_1 的每一比特,即生成被承诺值 $\{[[x_1'[i]]]\}_{i\in[0,1-1]}$;相似地,$\mathrm{P}_2$ 调用函数 F_{HCOM} 来承诺其秘密份额 x_2 的每一比特,即生成被承诺值 $\{[[x_2'[i]]]_2\}_{i\in[0,l-1]}$

(b)P_1 计算 $\langle s\rangle_1 := \sum_{i\in[0,l-1]}(\langle x_1'[i]\rangle_1 \cdot 2^i) - \langle x_1\rangle_1$ 和 $[t]_2 := \sum_{i\in[0,l-1]}([x_2'[i]]_2 \cdot 2^i) - [x_2]_2$,并将 $\langle s\rangle_1$ 发送给 P_2。与此同时,P_2 计算 $[s]_1 := \sum_{i\in[0,l-1]}([x_1'[i]]_1 \cdot 2^i) - [x_1]_1$ 和 $\langle t\rangle_2 := \sum_{i\in[0,l-1]}(\langle x_2'[i]\rangle_2 \cdot 2^i) - \langle x_2\rangle_2$,并将 $\langle t\rangle_2$ 发送给 P_1。然后,P_1 打开 t 并检查等式 $t=0$ 是否成立。P_2 打开 s 检查等式 $s=0$ 是否成立。如果 P_1 和 P_2 所检查的等式均成立,则协议继续;否则,协议终止。

(c)两个参与方使用函数 $F_{\mathrm{C-2PC}}$(即可承诺的 2PC 通用协议[34])以完成 $x = x_1' + x_2$ 所对应布尔加法电路的计算。

(d)P_1 输出被承诺的秘密份额 $[[\langle x\rangle_1^{\mathrm{B}}]]_1 := \{[[x_1[i]]]_1\}_{i\in[0,l-1]}$,且 P_2 输出被承诺的秘密份额 $[[\langle x\rangle_2^{B}]]_2 := \{[[x_2[i]]]_2\}_{i\in[0,l-1]}$。

A2B 秘密份额转换协议的安全性由定理 5.2 定义,相应的安全性分析在 5.5 节中提供。

B2A 秘密份额转换协议. 为将秘密值 x 从 $[x]^{B}$ 转换为 $[x]^{A}$,遵循图 5－7 所示的通用框架结构,构建了 B2A 秘密份额转换协议,具体如下。

(1)前端2PC层:如果前端2PC层执行的2PC通用协议是基于同态承诺技术的,则无须 P_1 和 P_2 执行其他操作。否则的话,P_1 和 P_2 需要调用函数 F_{HCOM} 以承诺他们各自持有的输出$[x]^B$ 的秘密份额。即 P_1 需要生成其份额$\{x_1[i]\}_{i\in[0,l-1]}$的承诺值$\{[[x_1[i]]]_1\}_{i\in[0,l-1]}$,$P_2$ 需要生成其份额$\{x_2[i]\}_{i\in[0,l-1]}$的承诺$\{[[x_2[i]]]_2\}_{i\in[0,l-1]}$。

(2)秘密份额转换层:

(a)P_1 首先随机选择 l 个随机比特值$\{r[i]\}_{i\in[0,l-1]}$,并对其调用函数 F_{HCOM} 以得到对应的被承诺值$\{[[r[i]]]_1\}_{i\in[0,l-1]}$。

(b)对于每个 $i\in[0,l-1]$,P_1 计算并设置$[[a[i]]]_1:=[[(1-2x_1[i])\cdot 2^i]]_1$ 和$[[b[i]]]_1:=[[(x_1[i])\cdot 2^i-r[i]]]_1$,且 P_2 设置$[[x[i]]]_2:=[[x_2[i]]]_2$。然后,对于每个 $i\in[0,l-1]$,两个参与方共同调用本章所构造的C-OLE 协议 Π_{C-OLE},其中,P_1 输入$[[a[i]]]_1$ 和$[[b[i]]]_1$,且 P_2 输入$[[x[i]]]_2$。最后,P_2 得到协议 Π_{C-OLE} 的输出$[[z[i]]]_2:=[[a[i]\cdot x[i]+b[i]]]_2=[[(x_1[i]\oplus x_2[i])\cdot 2^i-r[i]]]_2$。

(c)P_1 输出被承诺的秘密份额$[[\langle x\rangle_1^A]]_1:=[[\sum_0^{l-1}r[i]]]_1$,且 P_2 输出被承诺的秘密份额$[[\langle x\rangle_2^A]]_2:=[[\sum_0^{l-1}z[i]]]_2=[[\sum_0^{l-1}(x[i]\cdot 2^i-r[i])]]_2$。

B2A 秘密份额转换协议的安全性由定理5.3定义,相应的安全性分析在5.5节中提供。

5.5 安全性分析

5.5.1 安全性定义

本章中所有协议的安全性证明遵循基于理想/现实模型的模拟方法。现将恶意模型下安全两方计算协议的安全性定义总结如下。令 Π 为两个参与方 P_1 和 P_2 计算函数 $f:\{0,1\}^*\times\{0,1\}^*\to\{0,1\}^*\times\{0,1\}^*$ 时执行的两方协议。

对于理想模型中的协议执行,两个参与方 P_1 和 P_2 会同一个可信参与方进行交互,以完成函数 f 的计算。该可信参与方利用 P_1 和 P_2 发送的输入为其计算函数

f,并分别向 P_1 和 P_2 发送其各自的输出。令 $i \in \{1,2\}$ 为被恶意攻击者 A 控制的被腐化参与方(corrupted party)的索引。一个诚实参与方 P_j 总是发送它所接收的输入给可信参与方。但是一个恶意参与方 P_i 可能发送给可信参与方它所接收的输入,或者某个相同长度的其他输入,甚至以发送 $abort_i$ 消息的方式自行终止协议的执行。如果可信参与方从被腐化参与方 P_i 处接收到 $abort_i$ 消息,那么可信参与方发送 $abort_i$ 消息给两个参与方 P_1 和 P_2,并且终止理想模型中的协议执行。否则,可信参与方计算函数 f,并且发送给被腐化参与方 P_i 它自己的输出。然后,如果恶意攻击者 A 发送 $abort_i$ 消息,那么可信参与方发送 $abort_i$ 消息给诚实参与方 P_j。如果恶意攻击者 A 发送 continue 消息,那么可信参与方发送给诚实参与方 P_j 它自己的输出。最后,诚实参与方 P_j 输出它从可信参与方处接收的输出,而被腐化参与方 P_i 没有输出。恶意攻击者 A 输出被腐化参与方 P_i 所接收的输入、辅助输入 z、和从可信参与方处接收的输出的某个函数结果。定义 $\mathrm{IDEAL}_{f,A(z),i}(x,y,n)$ 为诚实参与方 P_j 和恶意攻击者 A 在上述理想模型中协议执行的输出对,其中 n 是安全参数。

对于现实模型中的协议执行,一个诚实的参与方总是遵循协议 Π 的规则,恶意攻击者 A 为被腐化参与方 P_i 发送所有消息,并且可能遵循任意概率多项式时间的策略。定义 $\mathrm{REAL}_{\Pi,A(z),i}(x,y,n)$ 为诚实参与方 P_j 和恶意攻击者 A 在上述现实模型中协议执行的输出对,其中 n 是安全参数。

简单地说,基于上述理想和现实模型中的协议执行,如果理想模型中的恶意攻击者可以模拟现实模型中的安全两方计算协议 Π 的执行,那么协议 Π 则可以安全地抵抗恶意攻击者。现将恶意模型下安全两方计算协议的安全性定义,提供如下:

定义 5.1 两方协议 Π 可以安全地计算函数 f 以抵抗恶意攻击者,如果对于现实模型中每个非均匀概率多项式时间的攻击者 A,在理想模型中都存在一个与之对应的非均匀概率多项式时间的攻击者 S,即对于每个 $i \in \{1,2\}$,满足

$$\{\mathrm{IDEAL}_{f,S(z),i}(x,y,n)\}_{x,y,z,n} \stackrel{c}{\equiv} \{\mathrm{REAL}_{\Pi,A(z),i}(x,y,n)\}_{x,y,z,n}$$

其中 $x,y \in \{0,1\}^*$ 为两个参与方 P_1 和 P_2 相同长度的输入,$z \in \{0,1\}^*$ 为辅助输入,n 是安全参数。

5.5.2 安全性证明

定理 5.1 图 5-6 中的 C-OLE 协议在 $F_{\text{C-ROLE}}, F_{\text{HCOM}}$-混合模型中可以安全

地抵抗恶意攻击者。

证明 构造模拟器 S 如下：S 简单地将消息从 A 传递给理想函数，并且在内部模拟函数 F_{C-ROLE} 和 F_{HCOM}。当发送方被恶意攻击者控制时，均匀随机地选取 $M \in \mathbb{F}$ 并通过内部模拟 F_{HCOM} 的方式，向 A 打开。当接收方被恶意攻击者控制时，均匀随机选取 $\alpha, \beta \in \mathbb{F}$ 并通过内部模拟 F_{HCOM} 的方式，向 A 打开。

基于函数 F_{C-ROLE} 和 F_{HCOM} 的正确性，诚实方对理想模型和现实模型的输出是无法区分的。此外，现实模型中的 M, α, β 与理想模型中的值也是无法区分，这是因为 M, α, β 是使用随机承诺值 x, a, b 一次性密码本加密过的。因此，现实模型中 A 和诚实方的输出联合分布与理想模型中 S 和诚实方的输出联合分布是无法区分的。

定理 5.2 在 F_{HCOM}, F_{C-2PC} - 混合模型中，A2B 秘密份额转换协议可以安全地抵抗恶意攻击者。

证明 A2B 秘密份额转换协议是基于函数 F_{HCOM} 和 F_{C-2PC} 构建的。因此，可将 A2B 秘密份额转换协议的安全性规约到函数 F_{HCOM} 和 F_{C-2PC} 的安全性，且在工作[62]和工作[34]中分别给出了相应的安全性证明。因此，此处仅给出简单的证明思路：

令 A 为控制参与方 P_1(resp. P_2)的恶意攻击者，此时参与方 P_2(resp. P_1)是诚实的。构建一个模拟器 S 扮演参与方 P_1(resp. P_2)的角色，并且在理想模型中将 A 作为子程序执行如下操作：

(a ~ b) S 在 A 和理想函数 F_{A2B} 之间传递消息，并且在内部模拟函数 F_{HCOM}。

(c) S 在 A 和理想函数 F_{A2B} 之间传递消息，并且在内部模拟函数 F_{C-2PC}。

(d) 如果 A 在上述步骤中没有终止，S 发送 continue 消息给函数 F_{A2B}；否则的话，它发送 abort 消息给函数 F_{A2B}。然后，S 输出 A 的输出。

基于函数 F_{HCOM} 和 F_{C-2PC} 的正确性，在理想模型中 S 和诚实 P_2(resp. P_1)的输出联合分布与在现实模型中的 A 和 P_2(resp. P_1)输出联合分布是无法区分的。

定理 5.3 在 F_{HCOM}, F_{C-OLE} - 混合模型中，B2A 秘密份额转换协议可以安全地抵抗恶意攻击者。

证明 B2A 秘密份额转换协议是基于函数 F_{HCOM} 和 F_{C-OLE} 构建的。因此，可将 B2A 秘密份额转换协议的安全性规约到函数 F_{HCOM} 和 F_{C-OLE} 的安全性，且在工作[62]和本章工作中分别给出了相应的安全性证明。因此，此处仅给出简单的证明思路：

令 A 为控制参与方 P_1(resp. P_2)的恶意攻击者,此时参与方 P_2(resp. P_1)是诚实的。构建一个模拟器 S 扮演参与方 P_1(resp. P_2)的角色,并且在理想模型中将 A 作为理想模型中的子程序执行如下操作:

(a)S 在 A 和理想函数 F_{B2A} 之间传递消息,并且在内部模拟函数 F_{HCOM}。

(b)S 在 A 和理想函数 F_{B2A} 之间传递消息,并且在内部模拟函数 F_{C-OLE}。

(c)如果 A 在上述步骤中没有终止,S 发送 continue 消息给函数 F_{B2A};否则的话,它发送 abort 消息给函数 F_{B2A}。然后,S 输出 A 的输出。

基于函数 F_{HCOM} 和 F_{C-OLE} 的正确性,在理想模型中 S 和诚实 P_2(resp. P_1)的输出联合分布与在现实模型中的 A 和 P_2(resp. P_1)输出联合分布是无法区分的。

5.6 性能分析

对于基于混合协议的 2PC 通用框架而言,它效率的评估主要分为两方面:(1)不同秘密份额转换协议的效率;(2)每个子任务使用对应秘密份额 2PC 通用协议的效率。由于本章的工作重点是构造了两个秘密份额转换协议,因此在本节仅提供了对所构造的两个秘密份额转换协议效率的理论分析。

由于 C – OLE 协议是构建 B2A 秘密份额转换协议的关键协议,而 C – OLE 协议又是由针对随机值的 C – ROLE 协议转化而来的,因此首先对 C – ROLE 协议的效率进行理论分析。如表 5 – 7 所示,通过把计算和通信开销归结到协议所涉及的基础功能函数调用次数和基本操作执行次数上,完成了对 C – ROLE 协议的计算和通信开销的理论分析。所统计的基础功能函数为 OLE 函数 F_{OLE} 和掷币函数 F_{CT},而所统计的基本操作为两方同态承诺函数 F_{HCOM} 的承诺操作 $F_{HCOM \cdot Commit}$ 和打开操作 $F_{HCOM \cdot Open}$。在分析计算开销时,忽略了一些简单操作造成的开销,比如两方同态承诺函数 F_{HCOM} 的线性组合操作 $F_{HCOM \cdot Linear\ Combination}$。因为这个操作不涉及到参与方之间的交互操作,因而在实际应用过程中对计算和通信开销的影响要比承诺操作 $F_{HCOM \cdot Commit}$ 和打开操作 $F_{HCOM. Open}$ 对其造成的影响要小。在分析通信开销时,除了上述基础功能函数和基本操作之外,还额外考虑了协议中其他传输数据(other transferred data, OTD)大小。

由于 C – OLE 协议的成功执行仅需要一个非泄露且正确的随机四元组,而不是 C – ROLE 协议所生成的所有 T 个四元组,因此在分析 C – OLE 协议的开销时,通过将 C – ROLE 协议的开销除以 T，即可得到 C – OLE 协议在一开始调用 C – ROLE 协议时所需要的开销。然后，结合 C – OLE 协议中对 OLE 函数 F_{OLE} 和掷币函数 F_{CT} 的调用次数，以及对承诺操作 $F_{HCOM \cdot Commit}$ 和打开操作 $F_{HCOM \cdot Open}$ 执行次数的统计，形成表 5 – 8。

基于上述对计算和通信开销的分析思路，在表 5 – 9 和表 5 – 10 中，分别提供了对 A2B 和 B2A 秘密份额转换协议的计算和通信开销的理论分析。对于 A2B 秘密份额转换协议，除了统计该协议所需的承诺操作 $F_{HCOM \cdot Commit}$ 和打开操作 $F_{HCOM \cdot Open}$ 之外，还统计了它所用到的可承诺 2PC 协议需要计算的电路规模大小。对于 B2A 秘密份额转换协议，除了基本操作 $F_{HCOM \cdot Commit}$ 和 $F_{HCOM \cdot Open}$ 之外，还统计了 C – OLE 协议的调用次数。

表 5－7　C－ROLE 协议的计算和通信开销

	$F_{HCOM \cdot Commit}$	F_{OLE}	F_{CT}	$F_{HCOM \cdot Open}$	OTD
初始化阶段	$(\tau_1+\tau_1\cdot\tau_2\cdot T)\cdot 4+(\tau_1-1)\cdot\tau_2\cdot T\cdot 2$	$\tau_1+\tau_1\cdot\tau_2\cdot T$	—	—	$(\tau_1+\tau_1\cdot\tau_2\cdot T)\cdot$ 4bytes
Cut－and－Choose 阶段	—	—	1	$2\cdot\tau_1$	—
牺牲阶段	—	—	$(\tau_2\cdot T-1)+(\tau_1-1)\cdot\tau_2\cdot T$	$6\cdot(\tau_1-1)\cdot\tau_2\cdot T$	—
组合阶段	—	—	$T-1$	$2\cdot(\tau_2-1)\cdot T$	—
合计	$(\tau_1+\tau_1\cdot\tau_2\cdot T)\cdot 4+(\tau_1-1)\cdot\tau_2\cdot T\cdot 2$	$\tau_1+\tau_1\cdot\tau_2\cdot T$	$(\tau_2\cdot T-1)+(\tau_1-1)\cdot\tau_2\cdot T+T$	$2\cdot\tau_1+6\cdot(\tau_1-1)\cdot\tau_2\cdot T+2\cdot(\tau_2-1)\cdot T$	$(\tau_1+\tau_1\cdot\tau_2\cdot T)\cdot$ 4bytes

注：τ_1, τ_2, T 是 C－ROLE 协议的具体参数。

表 5－8　协议 C－OLE 的计算和通信开销

基本函数和操作	调用/执行次数
$F_{HCOM \cdot Commit}$	$[(\tau_1+\tau_1\cdot\tau_2\cdot T)\cdot 4+(\tau_1-1)\cdot\tau_2\cdot T\cdot 2]/T+3$
F_{OLE}	$[\tau_1+\tau_1\cdot\tau_2\cdot T]/T$
F_{CT}	$[(\tau_2\cdot T-1)+(\tau_1-1)\cdot\tau_2\cdot T+T]/T$
$F_{HCOM \cdot Open}$	$[2\cdot\tau_1+6\cdot(\tau_1-1)\cdot\tau_2\cdot T+2\cdot(\tau_2-1)\cdot T]/T+3$
OTD	$[\tau_1+\tau_1\cdot\tau_2\cdot T]/T\cdot$ 4bytes

注：τ_1, τ_2, T 是 C－ROLE 协议的具体参数。

表 5－9　A2B 秘密份额转换协议的计算和通信开销

	$F_{HCOM \cdot Commit}$	$F_{HCOM \cdot Open}$	F_{C-2PC}
前端 2PC 层	2(optional)	—	—
秘密份额转换层	$2l$	2	1ADD Circuit
合计	$2+2l$	2	1ADD Circuit

注：l 是秘密值 x 在布尔秘密份额表示下的比特串长度，即 $|\langle x\rangle^B|$。

表 5－10　B2A 秘密份额转换协议的计算和通信开销

	$F_{HCOM \cdot Commit}$	$F_{HCOM \cdot Open}$	F_{C-OLE}
前端 2PC 层	$2l$(optional)	—	—
秘密份额转换层	$2l$	—	l
合计	$3l$	—	l

注：l 是秘密值 x 在布尔秘密份额表示下的比特串长度，即 $|\langle x\rangle^B|$。

5.7　本章小结

为了解决恶意模型下安全两方计算通用协议在执行复杂计算任务时效率不高的问题，以及基于混合协议的安全两方计算协议依赖于随机预言机假设的问题，本章提出了基于混合协议的安全两方计算通用框架。首先，利用两方同态承诺技术，设计了一个恶意模型下的新型密码学工具——可承诺的不经意线性函数评估。其次，利用该工具分别构造了两个恶意模型下支持两类秘密份额之间相互转换的转换协议，并进一步构建了恶意模型下基于混合协议的安全两方计算通用框架。与先前工作相比，此项工作不仅摆脱了先前工作对随机预言机假设依赖，实现了在恶意模型下的安全性；还提供了一个恶意模型下的新型密码学工具——可承诺的不经意线性函数评估，为今后构造恶意模型下的其他安全计算协议提供了新思路。

第6章　基于混合协议的安全多方计算

6.1 引　　言

自1982年以来,安全多方计算技术的应用研究已经从最初完成简单计算任务的安全多方计算(如私有集合的交集运算),发展到完成复杂计算任务的安全多方计算,如隐私保护的基因组计算和隐私保护的机器学习。这是快速发展的数据分析计算技术面临更为严格隐私保护要求时的必然趋势。因此,如何高效实现面向任意复杂计算任务的安全多方计算是当前亟须解决的问题。

尽管现有恶意模型下的安全多方计算通用协议可实现对任意计算任务的安全多方计算,但对于复杂计算任务而言,对其使用单一算术或布尔电路进行表达所生成的电路复杂度较高,导致了对复杂计算任务执行单一安全多方计算通用协议效率不高的问题。因此,为提升现有恶意模型下安全多方计算通用协议在执行复杂计算任务时的效率,本章工作沿用上一章工作所采用的混合协议方法,通过将复杂计算任务分解为多个简单子任务,并从基于不同秘密份额的三类MPC通用协议中选取最高效的MPC通用协议,以完成对应简单子任务的高效安全多方计算,进而完成整个复杂任务的高效安全多方计算。尽管一些现有工作[43-45,47-48]也利用混合协议方法实现了对复杂任务的高效安全多方计算,但这些工作均依赖于随机预言机假设,且仅支持恶意模型下有限数量参与方(即3或4个参与方),或者仅支持部分秘密份额之间的相互转换。

由于上一章工作仅在恶意模型下支持2个参与方对算术和布尔秘密份额之间的安全转换,所以只能构建支持基于算术秘密份额的2PC通用协议和基于布尔秘密份额的2PC通用协议之间相互转换的安全两方计算通用框架。因此,在恶意模型下,当最多$n-1$个恶意参与方存在时,如何构建支持基于算术秘密份额的MPC通用协议、基于布尔秘密份额的MPC通用协议和基于Yao秘密份额的MPC通用协议这三类协议之间相互转换的安全多方方计算通用框架是本章的研究重点。

为此，本章提出了恶意模型下基于混合协议的安全多方计算通用框架。首先，通过利用同态承诺技术，设计了恶意模型下的6个秘密份额转换协议，以全面支持算术秘密份额、布尔秘密份额和Yao秘密份额中任意两者之间的相互安全转换。并在此基础上，构建了恶意模型下基于混合协议的安全多方计算通用框架。所设计的6个秘密份额转换协议和所构建的通用框架均不依赖于随机预言机假设，因此使得本章工作与现有研究工作相比，它不仅可提供不依赖随机预言机假设的高级别安全性，而且在恶意模型下还可抵抗最多$n-1$个恶意参与方并支持所有种类秘密份额之间的相互转换。此外，通过理论分析6个秘密份额转换协议的计算和通信开销，为实现具体复杂计算任务的高效安全多方计算提供了有效参考。

6.2 理论知识

6.2.1 三类秘密份额

算术秘密份额。若秘密值$x \in \mathrm{CF}(2^l)$可用n个秘密值$\{x_i \mid x_i \in \mathrm{CF}(2^l)\}$以加性秘密共享方式进行拆分，且这$n+1$个秘密值之间满足关系$x = \sum_{i \in [1,n]} x_i \bmod m(l)$，其中$x_i$属于参与方$\mathrm{P}_i$，$m(l)$是$l$次的不可约多项式。那么，面向$n$个参与方秘密值$x$的算术秘密份额可表示为$[x]^{\mathrm{A}} = \{[x]_1^{\mathrm{A}}, [x]_2^{\mathrm{A}}, \cdots, [x]_n^{\mathrm{A}}\}$，其中$[x]_i^{\mathrm{A}} = x_i$为参与方$\mathrm{P}_i$的算术秘密份额且$i \in [1,n]$。

布尔秘密份额。若l-比特秘密值$x = \{x[k] \in \mathrm{CF}(2)\}_{k \in [0,l-1]}$可用$n$个$l$-比特秘密值$x_i = \{x_i[k]\}_{k \in [0,l-1]}$以秘密共享方式进行拆分，且这$n+1$个$l$-比特秘密值之间满足关系$x = \bigoplus_{i \in [1,n]} x_i$（即$x[l-1], \cdots, x[0] = \bigoplus_{i \in [1,n]} (x_i[l-1], \cdots, x_i[0])$），其中$x_i$属于参与方$\mathrm{P}_i$。那么，面向$n$个参与方$l$-比特秘密值$x$的布尔秘密份额可表示为$[x]^{\mathrm{B}} = \{[x]_1^{\mathrm{B}}, [x]_2^{\mathrm{B}}, \cdots, [x]_n^{\mathrm{B}}\}$，其中$[x]_i^{\mathrm{B}} = x_i = \{x_i[k]\}_{k \in [0,l-1]}$为参与方$\mathrm{P}_i$的布尔秘密份额且$i \in [1,n]$。

Yao秘密份额。基于Yao混淆电路的主要思想，对某个l-比特秘密值$x = \{x[k]\}_{k \in [0,l-1]}$而言，其每个比特值$x[k]$均可用对应布尔电路中$w_{x[k]}$线路上的标签值来表示。以基于 Yao 秘密份额的安全多方通用协议[30]为例,各个参与方面向对应布尔电路的持有值情况,具体如下:对评估方 P_1 而言,它持有每个参与方 P_i 在线路 $w_{x[k]}$ 上比特值 $x[k]\oplus\lambda_{w_{x[k]}}$ 的标签值 $\{L^i_{w_{x[k]},x[k]\oplus\lambda_{w_{x[k]}}}\}_{k\in[0,l-1]}$,和自己的置换比特份额值 $\lambda^1_{w_{x[k]}}$。当 $i\in[2,n]$ 时,对每个电路生成方 P_i 而言,它持有在线路 $w_{x[k]}$ 上 0 比特值对应的标签值 $\{L^i_{w_{x[k]},0}\}_{k\in[0,l-1]}$,自己的置换比特份额值 $\lambda^i_{w_{x[k]}}$,和自己的全局密钥 Δ 的份额 Δ_i。注意对每个 $i\in[2,n]$ 和每个 $k\in[0,l-1]$,$L^i_{w_{x[k]},x[k]\oplus\lambda_{w_{x[k]}}}=L^i_{w_{x[k]},0}\oplus((x[k]\oplus\lambda_{w_{x[k]}})\cdot\Delta_i)$,其中 $\lambda_{w_{x[k]}}=\oplus_{i\in[1,n]}\lambda^i_{w_{x[k]}}$。因此,面向 n 个参与方 l - 比特秘密值 x 的 Yao 秘密份额可表示为 $[x]^Y=\{[x]^Y_1,[x]^Y_2,\cdots,[x]^Y_n\}$。其中,$[x]^Y_1=\{\{L^i_{w_{x[k]},x[k]\oplus\lambda_{w_{x[k]}}}\}_{i\in[2,n]},\lambda^1_{w_{x[k]}}\}_{k\in[0,l-1]}$ 为评估方 P_1 的 Yao 秘密份额,$[x]^Y_i=\{L^i_{w_{x[k]},0},\lambda^i_{w_{x[k]}},\Delta_i\}_{k\in[0,l-1]}$ 为生成方 P_1 的 Yao 秘密份额,且 $i\in[2,n]$。

6.2.2 多方同态承诺技术

可承诺的安全多方计算工作[34]借助同态承诺技术,实现了 n 个参与方在恶意模型下的安全多方计算。该工作的具体思路如下:首先,n 个参与方分别向其他所有参与方承诺它自己的输入值。随后,n 个参与方基于被承诺的输入值完成对应计算任务的安全计算,而不是基于未被承诺的输入值执行对应操作。最后,在计算结束时各个参与方可通过检查被承诺的输出值是否可以被有效打开,以发现恶意参与方的恶意行为。这是因为被承诺的输出值实际上是各个参与方利用被承诺的输入值遵循电路逻辑计算得出的,所以如果被承诺的输出值可以被有效打开,则意味着各个参与方正确完成了电路中每个逻辑门的计算。受该工作的启发,本章也借助同态承诺技术构建基于混合协议的安全多方计算通用框架。现将工作[35]中提供的多方同态承诺功能函数 F_{HCOM} 具体描述见表 6 - 1,它总共涉及 7 个命令:Init、Commit、Input、Rand、Linear Combination、Open 和 Partial Open。

命令 Init 为整个协议的顺利执行分别初始化一个 raw 字典和一个 actual 字典,以存储和管理 n 个参与方的原始和实际承诺值。

如果 n 个参与方调用命令 Commit,则各个参与方可收到某个随机值 x 的多方承诺值 $[[x]]$ 的份额 $[[x]]_i=\{[x_j]^{j,i},\langle x_i\rangle^{i,j}\}_{i,j\in[1,n],j\neq i}$。具体而言,每个参与方 P_i 持有的 $[[x]]_i$ 包括其他每个参与方 P_j 向 P_i 承诺 x_j 的承诺值,即 $\{[x_j]^{j,i}\}_{j\in[1,n]/\{i\}}$,和 P_i 向其他每个参与方 P_j 承诺值 x_i 时对应的打开信息,即

$\{\langle x_i\rangle^i, j\}_{j\in[1,n]/\{i\}}$。需要注意的是，如果参与方 P_i 对某个随机值 x 调用命令 Commit，P_i 接收到打开信息 $\{\langle x\rangle^{i,j}\}_{j\in[1,n]/\{i\}}$，而其他每个参与方 P_j 都会接收到 P_i 向 P_j 对随机值 x 的承诺值 $[x]^{i,j}$，其中 $j\in[1,n]$ 且 $j\neq i$。

表 6-1　功能函数 F_{HCOM}

功能函数 F_{HCOM}
功能函数 F_{HCOM} 与 n 个参与方 $\{P_1,P_2,\cdots,P_n\}$ 和攻击者 A 交互。 • Init：一旦接收到来自 n 个参与方的消息(Init)，发送消息(Init)给 A，并且初始化 raw 和 actual 字典 • Commit：一旦接收到来自 P_i 的消息(commit, I)，其中 $I=\{1,2,\cdots,\gamma\}$ 是 γ 个标识符的集合。存储 raw[id] = T，其中 id $\in I$。然后，发送消息(commit, I)给 A • Input：一旦接收到来自 P_i 的消息(input, i, id, y)和来自其他 $n-1$ 个参与方的消息(input, i, id)，如果 raw[id] $\neq\perp$，存储 raw[id] $=\perp$ 和 actual[id] $=y$。发送(input, i, id)给 n 个参与方和 A • Rand：一旦接收到来自 n 个参与方的消息(random, id)，如果 raw[id] $\neq\perp$，存储 raw[id] $=\perp$ 和 actual[id] $=x_{\text{id}}$。发送(random, id)给所有 n 个参与方和 A • Linear Combination：一旦接收到来自 n 个参与方的消息(linear, $\{(\text{id},\alpha_{\text{id}})\}_{\text{id}\in I'}$, β, id′)，如果 actual[id] $=x_{\text{id}}\neq\perp$ 和 raw[id′] = actual[id′] $=\perp$，存储 raw[id′] $=\perp$ 和 actual[id′] $=\sum_{\text{id}\in I'}(\alpha_{\text{id}}\cdot x_{\text{id}})+\beta$，其中 $\alpha_{\text{id}},\beta\in\mathbb{F}$ 且 I' 是 I 的子集。发送(linear, $\{(\text{id},\alpha_{\text{id}})\}_{\text{id}\in I'}$, β, id′)给所有 n 个参与方和 A • Open：一旦接收到来自 n 个参与方的消息(open, id)，如果 actual[id] $=x_{\text{id}}\neq\perp$，发送消息(opened, id, x_{id})给诚实参与方和 A • Partial Open：一旦接收到来自 n 个参与方的消息(open, i, id)，如果 actual[id] $=x_{\text{id}}\neq\perp$，发送(opened, i, id, x_{id})给 P_i，并发送(opened, id, x_{id})给所有其他 $n-1$ 个参与方和 A

命令 Linear Combination 可支持三种类型的线性计算，具体如下：

(1)加法运算：对于被 n 个参与方承诺的承诺值 $[[x]]$ 和 $[[y]]$，n 个参与方可以通过计算得到 $[[x+y]]$。具体而言，每个参与方 P_i 计算 $[[x+y]]_i=[[x]]_i+[[y]]_i=\{[x_j]^{j,i},\langle x_i\rangle^{i,j}\}_{j\in[1,n]/\{i\}}+\{[y_j]^{j,i},\langle y_i\rangle^{i,j}\}_{j\in[1,n]/\{i\}}=\{[x_j]^{j,i}\}_{j\in[1,n]/\{i\}}+\{[y_j]^{j,i},\langle y_i\rangle^{i,j}\}_{j\in[1,n]/\{i\}}=\{[x_j]^{j,i}+[y_j]^{j,i},\langle x_i\rangle^{i,j}+\langle y_i\rangle^{i,j}\}_{j\in[1,n]/\{i\}}=\{[x_j+y_j]^{j,i},\langle x_i+y_j\rangle^{i,j}\}_{j\in[1,n]/\{i\}}$。注意，对于只被参与方 P_i 承诺的承诺值 $[[x]]$ 和

$[[y]]$，n 个参与方同样可以计算得到 $[[x+y]]$。具体而言，参与方 P_i 计算 $[[x+y]]=[[x]]+[[y]]=\{\langle x\rangle^{i,j}\}_{j\in[1,n]/\{i\}}+\{\langle y\rangle^{i,j}\}_{j\in[1,n]/\{i\}}=\{\langle x\rangle^{i,j}+\langle y\rangle^{i,j}\}_{j\in[1,n]/\{i\}}=\{\langle x+y\rangle^{i,j}\}_{j\in[1,n]/\{i\}}$，且每个参与方 P_j 计算 $[[x+y]]=[[x]]+[[y]]=[x]^{i,j}+[y]^{i,j}=[x+y]^{i,j}$，其中 $j\in[1,n]$ 且 $j\neq i$。

(2)常数加法：对于被 n 个参与方承诺的承诺值 $[[x]]$ 和一个常数值 c，n 个参与方可以通过计算得到 $[[x+c]]$。具体而言，P_1 计算 $[[x+c]]_1=[[x]]_1+c=\{[x_i]^{i,1},\langle x_1\rangle^{1,i}\}_{i\in[2,n]}+c=\{[x_i]^{i,1},\langle x_1\rangle^{1,i}+c\}_{i\in[2,n]}$，且对于每个 $i\in[2,n]$，P_i 计算 $[[x]]_1+c=\{[x_i]^{i,1},\langle x_1\rangle^{1,i}\}_{i\in[2,n]}+c=\{[x_i]^{i,1},\langle x_1\rangle^{1,i}+c\}_{i\in[2,n]}$。注意，对于只被参与方 P_i 承诺的承诺值 $[[x]]$ 和一个常数值 c，n 个参与方同样可以计算得到 $[[x+c]]$ 具体而言，参与方 P_i 计算 $[[x+c]]=[[x]]+c=\{\langle x\rangle^{i,j}\}_{j\in[1,n]/\{i\}}+c=\{\langle x+c\rangle^{i,j}\}_{j\in[1,n]/\{i\}}$，且每个参与方 P_j 计算 $[[x]]+[[c]]=[x]^{i,j}+c=[x+c]^{i,j}$ 其中 $j\in[1,n]$ 且 $j\neq i$。

(3)常数乘法：对于被 n 个参与方承诺的承诺值 $[[x]]$ 和一个常数值 A，n 个参与方可以通过计算得到 $[[a\cdot x]]$。具体而言，每个参与方 P_i 计算 $a\cdot\{[x_j]^{j,i},\langle x_i\rangle^{i,j}\}_{j\in[1,n]/\{i\}}=\{[a\cdot x_j]^{j,i},\langle a\cdot x_i\rangle^{i,j}\}_{j\in[1,n]/\{i\}}$。注意，对于只被参与方 P_i 承诺的承诺值 $[[x]]$ 和一个常数值 A，n 个参与方同样可以计算得到 $[[a\cdot x]]$。具体而言，参与方 P_i 计算 $[[a\cdot x]]=a\cdot[[x]]=a\cdot\{\langle x\rangle^{i,j}\}_{j\in[1,n]/\{i\}}=\{\langle a\cdot x\rangle^{i,j}\}_{j\in[1,n]/\{i\}}$，且每个参与方 P_j 计算 $[[a\cdot x]]=a\cdot[[x]]=a\cdot[x]^{i,j}=[a\cdot x]^{i,j}$，其中 $j\in[1,n]$ 且 $j\neq i$。

需要注意的是，上述功能函数 F_{HCOM} 同样支持向量值 $\boldsymbol{x}\in\mathbb{F}^m$，即对于每个参与方 P_i 而言，功能函数 F_{HCOM} 可支持：两个向量值 $[[x]]_i$ 和 $[[y]]_i$ 的相加，一个向量值 $[[x]]_i$ 和一个常量向量 $[[c]]$ 的相加，以及一个常量向量 $[[a]]$ 和一个向量值 $[[x]]_i$ 的相乘。

对于某个参与方 P_i 及其特定的输入值 y，通过调用命令 Input，可使得所有 n 个参与方获得特定值 y 的承诺值 $[[y]]$，而非某个随机值 x 的承诺值 $[[x]]$。如果 n 个参与方调用命令 Rand，它们则可以收到利用命令 Commit 生成的某个随机值 x 的多方承诺值 $[[x]]$。如果 n 个参与方对承诺值 $[[x]]$ 调用命令 Open，那么每个参与方都会发送打开信息 $\langle x\rangle^{i,j}$ 给其他参与方 P_j，然后每个参与方 P_j 都可以恢复得到值 $\{x_i\}_{i\in[1,n]/\{j\}}$，进而计算得到 $x=\sum_{i\in[1,n]}x_i$，其中 $j\in[1,n]$ 且 $j\neq i$。当只有 P_i 为自己的承诺值 $[[x]]$ 调用命令 Open 时，实际上它发送了打开信息 $\langle x\rangle^{i,j}$ 给其他所有参与方 P_j，这样每个其他参与方 P_j 也均可以恢复得到 x 的值，其中 $j\in[1,n]$

且 $j \neq i$。

对于命令 Partial Open 而言，它使得参与方 P_i 指向参与方 P_j 而不是所有 $n-1$ 个其他参与方打开被承诺值，这样只有一方 P_j 可以获得 x 的值，其中 $j \neq i$。具体而言，当参与方 P_i 为自己的承诺值[[x]]调用命令 Partial Open 时，实际上它将 $\langle x \rangle^{i,j}$ 发送给了特定的一方 P_j，之后就只有 P_j 可以恢复得到 x 的值，其中 $j \neq i$。

6.3　基于混合协议的多方安全计算通用框架

6.3.1　通用框架

为了高效且安全地在恶意模型下实现复杂计算任务的安全多方计算，本章构建了一个基于混合协议的安全多方计算通用框架，如图 6－2 所示。对于某个复杂计算任务 T，可将其分解为 m 个简单子任务 $\{T_i\}_{i \in [1,m]}$，其中每个子任务 T_i 需要选取对应的高效 MPC 通用协议进行计算。如果子任务 T_i 选取某一特定类型的 MPC 通用协议（如基于算术秘密份额的 MPC 通用协议），而子任务 T_{i+1} 选取与子任务 T_i 不同类型的 MPC 通用协议（如基于布尔秘密份额的 MPC 通用协议）。由于前一子任务 T_i 的 MPC 通用协议输出的秘密份额类型，与后一子任务 T_{i+1} 的 MPC 通用协议输入所需的秘密份额类型不同，因此 n 个参与方需要执行对应的秘密份额转换协议，以在恶意模型下完成不同秘密份额之间的相互安全转换。如图 6－1 所示，首先，n 个参与方需要选择性地执行预处理模块。其次，它们需要份额转换模块中执行相应的秘密份额转换协议（如 A2B 秘密份额转换协议），即可将前一子任务 T_i 的 MPC 通用协议输出的秘密份额转换为后一子任务 T_{i+1} 的 MPC 通用协议输入所需的秘密份额。如图 6－2 所示，现将所构建通用框架中三类关键模块的具体功能介绍如下：

（1）MPC 通用协议执行模块：该模块通过执行基于某个特定类型秘密份额的 MPC 通用协议，如基于算术秘密份额的 MPC 通用协议、基于布尔秘密份额的 MPC 通用协议，或者基于 Yao 秘密份额 MPC 通用协议，以完成对应简单子任务的安全多方计算，并提供对应秘密份额类型的输出。需要注意的是，对于基于 Yao 秘密份额的 MPC 通用协议，本章选择在恶意模型下具有代表性的 MPC 通用协议[27]作为

MPC 通用协议执行模块中基于 Yao 秘密份额的 MPC 通用协议。对于基于布尔和算术秘密份额的 MPC 通用协议则没有额外的要求。

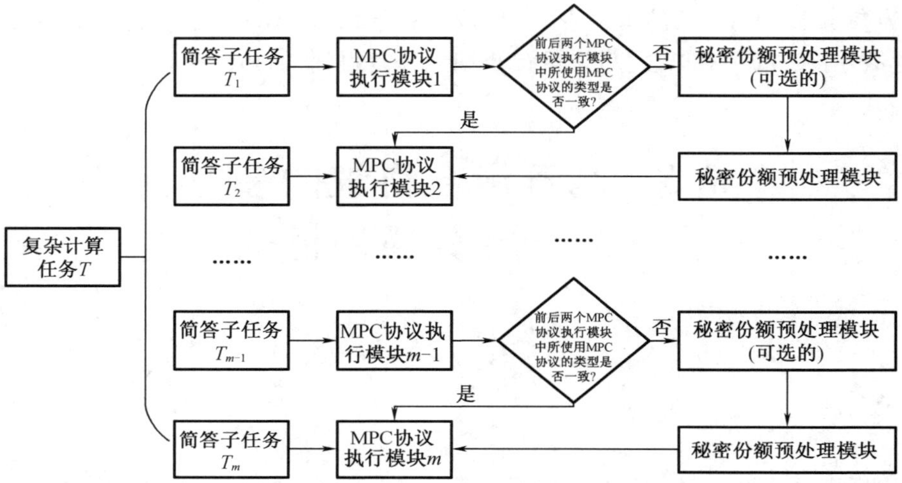

图 6-1　面向复杂计算任务的恶意模型下基于混合协议的 **MPC** 通用框架

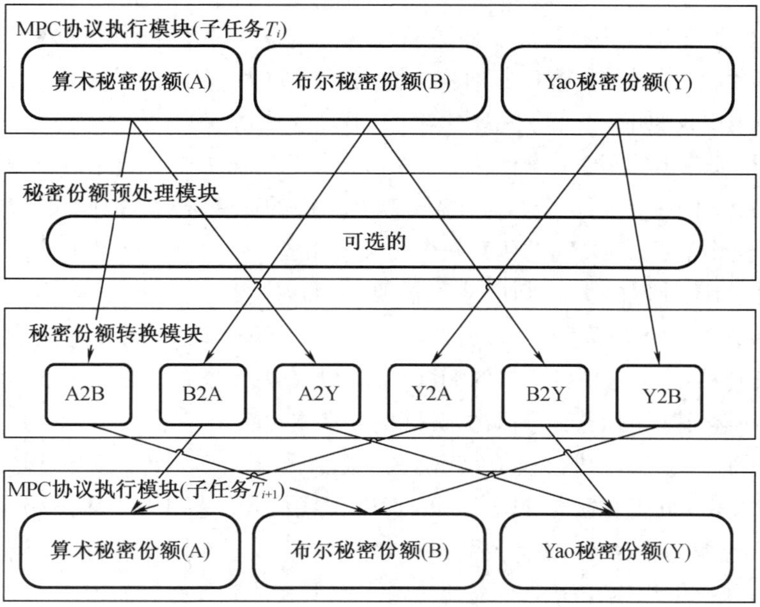

图 6-2　恶意模型下基于混合协议的 **MPC** 通用框架的三个模块

(2)秘密份额预处理模块:该模块可选择性地附加到 MPC 通用协议执行模块之后。具体地,当前一个 MPC 通用协议执行模块执行的是可承诺 MPC 通用协议[35]时,则不需要执行此模块;否则,需要执行它以让 n 个参与方对前一个 MPC 通用协议输出的秘密份额进行承诺。

(3)秘密份额转换模块:该模块可在恶意模型下安全地将秘密份额从一种类型转换为另一种类型,以完成两个简单子任务之间的连续安全多方计算。对于不同秘密份额转换需求,该模块执行不同秘密份额转换协议,即 A2B、B2A、B2Y、Y2B、A2Y 和 Y2A 秘密份额转换协议。此模块所需的 6 个秘密份额转换协议将在 6.3.2 节中具体介绍。

6.3.2　支持算术、布尔和 Yao 秘密份额之间相互转换的协议

(1)A2B 秘密份额转换协议

为将秘密值 x 从$[x]^{\mathrm{A}}$转换成$[x]^{\mathrm{B}}$,遵循图 6-2 和图 6-3 所示的通用框架结构,构建了 A2B 秘密份额转换协议,具体如下:

• 秘密份额预处理模块:在前一个 MPC 通用协议执行模块中,如果 n 个参与方选择了基于同态承诺技术的可承诺 MPC 通用协议[35]作为基于算术秘密份额的 MPC 通用协议并执行的话,则此预处理模块就无须执行;否则,对于每个 $i\in[1,n]$,每个参与方 P_i 需调用函数 F_{HCOM} 以承诺其所持有的算术秘密份额$[x]_i^{\mathrm{A}}=x_i$,即 $F_{\mathrm{HCOM}}(x_i)=[[x_i]]$。

• 秘密份额转换模块

(a)对于每个 $i\in[1,n]$,P_i 对其所持有的秘密份额$[x]_i^{\mathrm{A}}=x_i$ 执行本地比特分解操作,即 $x_i\rightarrow\{x'_i[k]\}_{k\in[0,l-1]}$。然后,调用函数 F_{HCOM} 对每一比特 $\{x_{i'}[k]\}_{k\in[0,l-1]}$进行承诺,即$\{F_{\mathrm{HCOM}}(x'_i[k])=[[x_{i'}[k]]]\}_{k\in[0,l-1]}$。

(b)对于每个 $i\in[1,n]$,P_i 计算打开信息 $\{\langle s_i\rangle^{i,j}\}_{j\in[1,n],i\neq j}$ 和承诺值 $\{[s_j]^{j,i}\}_{j\in[1,n],j\neq i}$,其中 $\langle s_i\rangle^{i,j}:=\sum\limits_{k\in[0,l-1]}\langle x'_i[k]\rangle^{i,j}\cdot 2^k-\langle x_i\rangle^{i,j}$,$\langle s_j\rangle^{j,i}:=\sum\limits_{k\in[0,l-1]}[x'_j[k]]^{j,i}\cdot 2^k-[x_j]^{j,i}$。

然后,对于每个 $i,j\in[1,n]$且 $j\neq i$,每个参与方 P_i 向 P_j 发送打开信息$\langle s_i\rangle^{i,j}$;P_j 计算 $s_i\leftarrow([s_i]^{i,j},\langle s_i\rangle^{i,j})$,并检测等式 $s_i=0$ 是否成立。如果成立,则协议继续;否则,协议终止。

(c)所有 n 个参与方使用基于布尔秘密份额的 MPC 通用协议(即可在域 CF

(2)下工作的可承诺 MPC 通用协议[35])以完成布尔加法电路$[x]^B=[x'_1+x'_2+\cdots+x'_n]^B$的安全多方计算。至此,对于每个$i\in[1,n]$,参与方$P_i$可得到输出$\{x_i[k]\}_{k\in[0,l-1]}$,其中,$x[k]=\bigoplus_{i=1}^{n}x_i[k]$。

(d)对于每个$i\in[1,n]$,P_i设置对秘密值x其所持有的布尔秘密份额为$[x]_i^B=\{x_i[k]\}_{k\in[0,l-1]}$。

(2)B2A 秘密份额转换协议

为将秘密值x从$[x]^B$转换为$[x]^A$,遵循图 6-1 和图 6-2 所示的通用框架结构,构建了 B2A 秘密份额转换协议,具体如下:

• 秘密份额预处理模块:在前一个 MPC 通用协议执行模块中,如果n个参与方选择了可在域 CF(2)下工作的可承诺 MPC 通用协议[34]作为基于布尔秘密份额的 MPC 通用协议并执行的话,则此预处理模块就无须执行;否则,对于每个$i\in[1,n]$,每个参与方P_i需调用函数F_{HCOM}以承诺其所持有的布尔秘密份额$[x]_i^B=\{x_i[k]\}_{k\in[0,l-1]}$,即$\{F_{HCOM}(x_i[k])=[[x_i[k]]]\}_{k\in[0,l-1]}$。

• 秘密份额转换模块:

(a)对于每个$i\in[2,n]$,P_i随机选择l个比特值$\{r_i[k]\}_{k\in[0,l-1]}$,并调用函数F_{HCOM}与所有其他参与方一起生成对应的承诺值$[[r_i[k]]]\}_{k\in[0,l-1]}$。然后,对于每个$i\in[2,n]$,$P_i$计算承诺值$[[r_i]]:=\sum_{k\in[0,l-1]}([[r_i[k]]]\cdot 2^k)$。

(b)所有n个参与方使用基于布尔秘密份额的 MPC 通用协议(即可在域 CF(2)下工作的可承诺 MPC 通用协议[34])以完成布尔电路$[x]^B=[(\bigoplus_{i=1}^{n}x_i)-r_2-\cdots-r_n]^B$的安全多方计算。然后,请求 MPC 通用协议将计算结果$x=\{x[k]\}_{k\in[0,l-1]}$向P_1打开。

(c)P_1设置对秘密值x其所持有的算术秘密份额为$[x]_1^A=\sum_{k\in[0,l-1]}x[k]\cdot 2^k$。对于每个$i\in[2,n]$,$P_i$设置对秘密值$x$其所持有的算术秘密份额为$[x]_i^A=r_i$。

(3)B2Y 秘密份额转换协议

为将秘密值x从$[x]^B$转换为$[x]^Y$,遵循图 6-2 和图 6-3 所示的通用框架结构,构建了 B2Y 秘密份额转换协议,具体如下:

• 秘密份额预处理模块:在前一个 MPC 通用协议执行模块中,如果n个参与方选择了可在域 CF(2)下工作的可承诺 MPC 通用协议[34]作为基于布尔秘密份额的 MPC 通用协议并执行的话,则此预处理模块就无须执行;否则,对于每个$i\in[1,n]$,每个参与方P_i需调用函数F_{HCOM}以承诺其所持有的布尔秘密份额$[x]_i^B=\{x_i[k]\}_{k\in[0,l-1]}$,即$\{F_{HCOM}(x_i[k])=[[x_i[k]]]\}_{k\in[0,l-1]}$。

● 秘密份额转换模块：

(a) 对于每个 $i \in [2,n]$，P_i 随机选择一个 κ 位比特串作为每条线路 $w_{x_v[k]}$ 上 0 比特的标签 $L^i_{w_{x_v[k]},0} \in \{0,1\}^{|\kappa|}$，并且计算和设置每条线路 $w_{x_v[k]}$ 上 1 比特的标签为 $L^i_{w_{x_v[k]},1} := L^i_{w_{x_v[k]},0} \oplus \Delta_i$，其中 $v \in [1,n]$ 且 $k \in [0,l-1]$。

(b) 对于每个 $i \in [1,n]$，P_i 为线路 $w_{x_v[k]}$ 选择一个随机比特 $\boldsymbol{\lambda}^i_{w_{x_v[k]}}$，并调用 F_{HCOM} 函数以生成对应的承诺值 $[[\boldsymbol{\lambda}^i_{w_{x_v[k]}}]]$，其中 $v \in [1,n]$ 且 $k \in [0,l-1]$。

(c) 对于每个 $i \in [2,n]$ 且 $j \neq i$，P_j 向 P_i 发送打开信息 $\{\langle \boldsymbol{\lambda}^j_{w_{x_i[k]}} \rangle^{j,i}\}_{k \in [0,l-1],j\neq i}$。然后，$P_i$ 检查是否可以有效执行打开操作 $\{[\boldsymbol{\lambda}^j_{w_{x_i[k]}}]^{j,i}, \langle \boldsymbol{\lambda}^j_{w_{x_i[k]}} \rangle^{j,i} \rightarrow \boldsymbol{\lambda}^j_{w_{x_i[k]}}\}_{k \in [0,l-1],j\neq i}$。如果打开操作可以被有效执行，则参与方 P_i 计算承诺值 $\{[[\boldsymbol{\lambda}_{w_{x_i[k]}}]] := \oplus_{i \in [1,n]} [[\boldsymbol{\lambda}^i_{w_{x_i[k]}}]]\}_{k \in [0,l-1]}$ 和 $\{[[x_i[k] \oplus \boldsymbol{\lambda}_{w_{x_i[k]}}]] := [[x_i[k]]] \oplus [[\boldsymbol{\lambda}_{w_{x_i[k]}}]]\}_{k \in [0,l-1]}$，并向其他参与方打开值 $\{x_i[k] \oplus \boldsymbol{\lambda}_{w_{x_i[k]}}\}_{k \in [0,l-1]}$。最后，对于每个 $j \in [2,n]$ 且 $i \neq 1$，P_j 向 P_1 发送标签集合 $\{L^j_{w_{x_i[k]},x_i[k]\oplus\lambda_{w_{x_i[k]}}}\}_{k \in [0,l-1]}$。

(d) 对于每个 $i \in [2,n]$，P_i 向 P_1 打开值 $\{\boldsymbol{\lambda}^i_{w_{x_i[k]}}\}_{k \in [0,l-1]}$，$P_1$ 检查是否可以有效执行打开操作 $\{[\boldsymbol{\lambda}^i_{w_{x_i[k]}}]^{i,1}, \langle \boldsymbol{\lambda}^i_{w_{x_i[k]}} \rangle^{i,1} \rightarrow \boldsymbol{\lambda}^i_{w_{x_i[k]}}\}_{k \in [0,l-1]}$。如果打开操作可以被有效执行，则 P_1 计算承诺值 $\{[[\boldsymbol{\lambda}_{w_{x_1[k]}}]] := \oplus_{i \in [1,n]} [[\boldsymbol{\lambda}^i_{w_{x_1[k]}}]]\}_{k \in [0,l-1]}$ 和 $\{[[x_1[k] \oplus \boldsymbol{\lambda}_{w_{x_1[k]}}]] := [[x_1[k]]] \oplus [[\boldsymbol{\lambda}_{w_{x_1[k]}}]]\}_{k \in [0,l-1]}$，并向其他参与方打开值 $\{x_1[k] \oplus \boldsymbol{\lambda}_{w_{x_1[k]}}\}_{k \in [0,l-1]}$。最后，对于每个 $i \in [2,n]$，P_i 向 P_1 发送标签集合 $\{L^i_{w_{x_1[k]},x_1[k]\oplus\lambda_{w_{x_i[k]}}}\}_{k \in [0,l-1]}$。

(e) 对于每个 $i \in [2,n]$，P_1 计算 P_i 在每条线路 $w_{x[k]}$ 上的比特值 $x[k] \oplus \boldsymbol{\lambda}_{w_{x[k]}}$ 对应的标签 $L^i_{w_{x[k]},x[k]\oplus\lambda_{w_{x[k]}}} := \oplus_{i \in [1,n]} L^i_{w_{x_v[k]},x_v[k]\oplus\lambda_{w_{x_v[k]}}}$，以及承诺值 $[[\boldsymbol{\lambda}^1_{w_{x[k]}}]] = [[\oplus_{i \in [1,n]} \boldsymbol{\lambda}^1_{w_{x_v[k]}}]]$，其中 $k \in [0,l-1]$。对于每个 $i \in [2,n]$，P_i 为每条线路 $w_{x_v[k]}$ 上的 0 比特计算对应的标签 $L^i_{w_{x[k]},0} := \oplus_{i \in [1,n]} L^i_{w_{x_v[k]},0}$，以及承诺值 $[[\boldsymbol{\lambda}^i_{w_{x[k]}}]] = [[\oplus_{i \in [1,n]} \boldsymbol{\lambda}^i_{w_{x_v[k]}}]]$，其中 $k \in [0,l-1]$。

(f) P_1 对秘密值 x 设置其所持有的 Yao 秘密份额为集合 $\{\{L^i_{w_{x[k]},x[k]\oplus\lambda_{w_{x[k]}}}\}_{i \in [2,n]}, \boldsymbol{\lambda}^1_{w_{x[k]}}\}_{k \in [0,l-1]}$。对于每个 $i \in [2,n]$，P_i 对秘密值 x 设置其所持有的 Yao 秘密份额为集合 $\{L^i_{w_{x[k]},0}, \boldsymbol{\lambda}^i_{w_{x[k]}}, \Delta_i\}_{k \in [0,l-1]}$。

(4) Y2B 秘密份额转换协议

为将秘密值 x 从 $[x]^{\text{Y}}$ 转换为 $[x]^{\text{B}}$，遵循图 6－1 和图 6－2 所示的通用框架结

构,构建了 Y2B 秘密份额转换协议,具体如下:

- 秘密份额预处理模块:对于每个 $i \in [1,n]$,P_i 调用函数 F_{HCOM} 以生成其 Yao 秘密份额 $[x]_i^{\text{Y}}$ 中比特 $\{\lambda_{w_x[k]}^i\}_{k\in[0,l-1]}$ 的承诺值 $\{[[\lambda_{w_x[k]}^i]]\}_{k\in[0,l-1]}$。
- 秘密份额转换模块:

(a) P_1 将值 $\{x[k]\oplus\lambda_{w_x[k]}\}_{k\in[0,l-1]}$ 输入基于布尔秘密份额的 MPC 通用协议(即可在域 CF(2)下工作的可承诺 MPC 通用协议[35]),并与所有其他参与方共同生成其布尔秘密份额的承诺值 $\{[[[x[k]\oplus\lambda_{w_x[k]}]^{\text{B}}]]\}_{k\in[0,l-1]}$。

(b) 遵循基于布尔秘密份额的 MPC 通用协议(即在 CF(2)上工作的可承诺 MPC 通用协议[35])中对 XOR 门的操作,n 个参与方均在本地计算 $\{[x[k]]^{\text{B}} = [x[k]\oplus\lambda_{w_x[k]}]^{\text{B}}\oplus[\lambda_{w_x[k]}]^{\text{B}}\}_{k\in[0,l-1]}$,以使得每个参与方 P_i 得到对应的布尔秘密份额 $[x[k]]_i^{\text{B}} = x_i[k]$,其中 $x[k] = \oplus_{i=1}^n x_i[k]$,且 $k\in[0,l-1]$。

(c) 对于每个 $i \in [1,n]$,P_i 对秘密值 x 设置其布尔秘密份额为 $[x]_i^{\text{B}} = \{[x[k]]_i^{\text{B}}\}_{k\in[0,l-1]}$。

(5) A2Y 秘密份额转换协议

为将秘密值 x 从 $[x]^{\text{A}}$ 转换为 $[x]^{\text{Y}}$,A2Y 秘密份额转换协议可由 A2B 秘密份额转换协议和 B2Y 秘密份额转换协议组合完成,因此在此省略对 A2Y 秘密份额转换协议的具体介绍。

先前的相关工作中,主要通过利用基于 Yao 秘密份额的 MPC 通用协议对某个加减法电路的安全多方计算,以实现 $[x]^{\text{A}}$ 向 $[x]^{\text{Y}}$ 的安全转换。但由于目前尚不存在可实现恶意安全的基于同态承诺技术的 Yao 秘密份额 MPC 通用协议,因此,为摆脱先前工作对随机预言机假设的依赖,本章工作避免采用其他基于 Yao 秘密份额的 MPC 通用协议完成 A2Y 秘密份额转换,利用本章所构建的基于同态承诺技术的 A2B 和 B2Y 秘密份额转换协议,完成 A2Y 秘密份额转换。虽然,本章工作所构建的 A2Y 秘密份额转换协议,会比先前工作多完成一个 XOR 电路的安全多方计算,但由于 XOR 操作不需要各个参与方之间的交互,因而并没有增加通信开销。即使各个参与方的计算开销有所增加,但方案所支持的安全级别从依赖于随机预言机假设的恶意安全提升到了不依赖于随机预言机假设的恶意安全。

(6) Y2A 秘密份额转换协议

为将秘密值 x 从 $[x]^{\text{Y}}$ 转换为 $[x]^{\text{A}}$,与 A2Y 秘密份额转换协议的构造思路类似,Y2A 秘密份额转换协议可由 Y2B 秘密份额转换协议和 B2A 秘密份额转换协议组合完成,因此在此省略对 A2Y 秘密份额转换协议的具体介绍。

6.4　安全性分析

6.4.1　安全性定义

本章工作中所有协议的安全性证明遵循基于理想/现实模型的模拟方法。现将恶意模型下安全多方计算协议的安全性定义总结如下。令 Π 为 n 个参与方 $\{P_i\}_{i\in[1,n]}$ 计算函数 $f:(\{0,1\}^*)^n\to(\{0,1\}^*)^n$ 时执行的多方协议，I 为被恶意攻击者 A 控制的被腐化参与方的索引集合，H 是诚实参与方的索引集合。

对于理想模型中的协议执行，n 个参与方 $\{P_i\}_{i\in[1,n]}$ 同一个可信参与方进行交互，以完成函数 f 的计算。该可信参与方利用 n 个参与方各自发送的输入为其计算函数 f，并分别向他们返回其各自的输出。对于每个 $j\in H$，诚实参与方 P_j 总是发送它所接收的输入给可信参与方。对于每个 $i\in I$，被腐化参与方 P_i 可能发送给可信参与方它所接收的输入，或者某个相同长度的其他输入，甚至以发送 abort 消息的方式自行终止协议。如果可信参与方接收到 abort 消息，那么可信参与方发送 abort 消息给 n 个参与方 $\{P_i\}_{i\in[1,n]}$，并且终止理想模型中的协议执行。否则，可信参与方计算函数 f，并且对于每个 $i\in I$，发送给被腐化参与方 P_i 它自己的输出。然后，如果恶意攻击者 A 发送 abort 消息，那么对于每个 $j\in H$，可信参与方发送 abort 消息给诚实参与方 P_j。否则的话，对于每个 $j\in H$，可信参与方发送给诚实参与方 P_j 它自己的输出。最后，对于每个 $i\in I$ 和 $j\in H$，诚实参与方 P_j 输出它从可信参与方处接收的输出，而被腐化参与方 P_i 没有输出。恶意攻击者 A 代表被腐化参与方 P_i 输出所接收的输入、辅助输入 z、和从可信参与方处接收的输出的某个函数结果。定义 $\mathrm{IDEAL}_{f,A(z),I}(\bar{x},s)$ 为诚实参与方 $\{P_j\}_{j\in H}$ 和恶意攻击者 A 在上述理想模型中协议执行的输出，其中 s 是安全参数。

对于现实模型中的协议执行，诚实参与方总是遵循 n 方协议 Π 的规则，对于每个 $i\in I$，恶意攻击者 A 为被腐化参与方 P_i 发送所有消息，并且可能遵循任意概率多项式时间的策略。定义 $\mathrm{REAL}_{\Pi,A(z),I}(\bar{x},s)$ 为诚实参与方 $\{P_j\}_{j\in H}$ 和恶意攻击者 A 在上述现实模型中协议执行的输出，其中 s 是安全参数。

基于上述理想和现实模型中的协议执行,如果理想模型中的恶意攻击者可以模拟现实模型中的 n 方计算协议 Π 的执行,那么 n 方协议 Π 则可以安全地抵抗恶意攻击者。现将恶意模型下安全多方计算协议的安全性定义,提供如下:

定义 6.1 n 方协议 Π 可以安全地计算函数 f 以抵抗恶意攻击者,如果对于现实模型中的一个非均匀概率多项式时间的攻击者 A,在理想模型中都存在一个与之对应的非均匀概率多项式时间的攻击者 S,即对于每个集合 $I\subseteq[1,n]$,满足

$$\mathrm{IDEAL}_{f,S(z),I}(\bar{x},s)\}_{\bar{x},z,s}\overset{c}{\equiv}\{\mathrm{REAL}_{\Pi,A(z),I}(\bar{x},s)\}_{\bar{x},z,s}$$

其中 $\bar{x}=\{x_i\,|\,|x_i|\in\{0,1\}^*\}_{i\in[1,n]}$ 是 n 个参与方 $\{\mathrm{P}_i\}_{i\in[1,n]}$ 各自相同长度输入的集合,$z\in\{0,1\}^*$ 为辅助输入,s 是安全参数。

6.4.2 安全性证明

定理 6.1 在 F_{HCOM}, F_{MPC}, F_{PRG} - 混合模型中, A2B, B2A, B2Y, Y2B, A2Y 和 Y2A 秘密份额转换协议可以安全地抵抗最多 $n-1$ 个恶意参与方。

证明 令 A 控制参与方 $\{\mathrm{P}_i\}_{i\in I}$ 的恶意攻击者,其中,I 是所有被恶意攻击者控制的参与方的索引集合,$H=[1,n]I$ 是所有诚实参与方的索引集合。F_{MPC} 是在秘密份额转换协议中所使用的 MPC 通用协议的理想函数。F_{PRG} 是在秘密份额转换协议中所使用的伪随机数生成器的理想函数。

为了证明 A2B 秘密份额转换协议的安全性,在理想模型中,构建一个模拟器 S 内部调用 A 作为子程序,该模拟器 S 工作如下:

(a~b)S 在 A 和理想函数 F_{A2B} 之间传递消息,并且在内部模拟函数 F_{HCOM}。

(c)S 在 A 和理想函数 F_{A2B} 之间传递消息,并且在内部模拟函数 F_{MPC}。

(d)接收来自理想函数 F_{A2B} 的值 $\{[x]_i^{\mathrm{B}}\}_{i\in I}$,并且发送这些值给 A。如果 A 没有终止协议,允许理想函数 F_{A2B} 向诚实参与方发送值 $\{[x]_i^{\mathrm{B}}\}_{i\in H}$。

基于函数 F_{HCOM} 和 F_{MPC} 的正确性,在理想模型中输出的联合分布与在现实模型中的中输出的联合分布是无法区分的。

对于 B2A 和 Y2B 秘密份额转换协议的安全性证明,由于它们模拟器的构建,与 A2B 秘密份额转换协议安全性证明中模拟器的构建相似,因此,此处省略。

为了证明 B2Y 秘密份额转换协议的安全性,在理想模型中,构建一个模拟器 S 内部调用 A 作为子程序,该模拟器 S 工作如下:

(a~b)S 在 A 和理想函数 F_{B2Y} 之间传递消息,并且在内部模拟函数 F_{HCOM}

和 F_{PRG}。

(c ~ d)S 利用输入 $\{x_i[k]\}_{i\in H,k\in[0,l-1]}$ 与攻击者 A 进行交互。对于每一个 $i\in I$,S 接收值 $\{\widehat{x_i}[k]\}_{i\in I,k\in[0,l-1]}$ 并且计算 $\{x_i[k]:=\widehat{x_i}[k]\oplus(\oplus_{i\in[1,n]}\lambda^{i}_{w_{x_i[k]}})\}_{i\in I,k\in[0,l-1]}$。如果任何诚实参与方终止协议,S 输出 A 的输出。

(e ~ f)S 在 A 和理想函数 F_{B2Y} 之间传递消息,并且在内部模拟函数 F_{HCOM}。接收来自理想函数 F_{B2Y} 发送的值 $\{[x]_i^{\mathrm{Y}}\}_{i\in I}$,并将其发送给 A。如果 A 没有终止协议,允许理想函数 F_{B2Y} 发送 $\{[x]_i^{\mathrm{Y}}\}_{i\in H}$ 给诚实参与方。

基于函数 F_{HCOM} 和 F_{PRG} 的正确性,在理想模型中输出的联合分布与在现实模型中的中输出的联合分布是无法区分的。

基于 A2B、B2A、B2Y、Y2B 秘密份额转换协议的安全性证明,自然可以得到 A2Y 和 Y2A 秘密份额转换协议的安全性证明。这是因为 A2Y 秘密份额转换是用 A2B 和 B2Y 秘密份额转换协议构造的,Y2A 秘密份额转换是用 Y2B 和 B2A 秘密份额转换协议构造的。

6.5　性能分析

通过利用本章提出的基于混合协议的安全多方计算通用框架,任何复杂计算任务都可通过将其分解为多个简单子任务,并为每个简单子任务执行对应的高效 MPC 通用协议,并在使用不同秘密份额类型 MPC 通用协议的子任务之间执行对应的秘密份额转换协议,从而实现任意复杂计算任务的高效安全多方计算。因此,对于本章所提出的通用框架而言,它的效率主要取决于两部分:简单子任务安全多方计算的效率和秘密份额转换协议的效率。

对于简单子任务安全多方计算的效率而言,由于对每个子任务都将从三类 MPC 通用协议(即基于算术秘密份额的 MPC 通用协议、基于布尔秘密份额的 MPC 通用协议和基于 Yao 秘密份额的 MPC 通用协议)中选择最高效 MPC 通用协议对其进行计算,而被选中的高效 MPC 通用协议在其工作中已提供了详细的效率分析,因此,本节省略了对简单子任务安全多方计算的效率分析,只对本章所构造的六类秘密份额转换协议的效率进行分析。

如表 6 - 2、表 6 - 3 、表 6 - 4 和表 6 - 5 所示,通过对这六类秘密份额转换协议中所涉及功能函数的调用次数和基本操作的执行次数进行统计，完成了对上述六类秘密份额转换协议的计算和通信开销的理论分析。由于在 B2A、B2Y、A2Y 和 Y2A 秘密份额转换协议中，P_1 和其他参与方的操作略有不同，因此针对不同参与方（即 P_1 和 P_i，其中 $i \neq 1$）分别统计了不同功能函数的调用次数和基本操作的执行次数，以获得更准确分析。其中，参与方执行操作 $F_{HCOM \cdot Commit}$ 和 $F_{HCOM \cdot Open}$ 的次数，是通过统计该参与方与其他 $n-1$ 个参与方之间执行操作 $F_{2HCOM \cdot Commit}$ 和 $F_{2HCOM \cdot Open}$ 的次数得到的。这是因为用以实现 n 个参与方之间相互承诺的操作 $F_{HCOM \cdot Commit}$，实际上是每个参与方分别同其他 $n-1$ 个参与方执行操作 $F_{2HCOM \cdot Commit}$ 的结果，操作 $F_{HCOM \cdot Open}$ 的执行次数也按上述思路进行统计。通过这种方式统计对应函数的调用次数和对应操作的执行次数，有助于分析参与方数量同计算和通信开销之间的关系。对于函数 F_{MPC} 而言，统计了秘密份额转换协议中使用 MPC 通用协议所计算电路的规模大小，这是因为电路的规模大小决定了 MPC 通用协议的计算和通信开销。具体地，对于 XOR 电路的计算，各个参与方只有计算开销，而没有通信开销。其原因是 XOR 操作无须参与方之间的交互，各参与方本地异或自己的秘密份额即可完成操作。需要注意的是，对于 B2Y 和 A2Y 的通信开销，表中参与方 P_i 的额外传输数据（Additional Data）是其发送给 P_1 的标签数据总和。

表 6－2　P_1 的六类秘密份额转换的计算开销

	$F_{2HCOM \cdot Commit}$	$F_{2HCOM \cdot Open}$	F_{PRG}	F_{MPC}
A2B	$(n-1)^* + l(n-1)$	$n-1$	—	1 ADD Circuit
B2A	$l(n-1)^*$	—	—	1 XOR Circuit 和 1 SUB Circuit
B2Y	$l(n-1)^* + ln(n-1)$	$2l(n-1)$	ln	1 XOR Circuit
Y2B	$2l(n-1)$	—	—	1 XOR Circuit
A2Y	$(n-1)^* + l(n-1)(n+1)$	$(2l+1)(n-1)$	ln	1 ADD Circuit 和 1 XOR Circuit
Y2A	$2l(n-1)$	—	—	2 XOR Circuit 和 1 SUB Circuit

表 6－3　P_i 的六类秘密份额转换的计算开销

	$F_{2HCOM \cdot Commit}$	$F_{2HCOM \cdot Open}$	F_{PRG}	F_{MPC}
A2B	$(n-1)^* + l(n-1)$	$n-1$	—	1 ADD Circuit
B2A	$l(n-1)^* + l(n-1)$	l	l	1 XOR Circuit 和 1 SUB Circuit

表 6-3(续)

	$F_{2HCOM \cdot Commit}$	$F_{2HCOM \cdot Open}$	F_{PRG}	F_{MPC}
B2Y	$l(n-1)^* + ln(n-1)$	$2l(n-1)$	$ln +$ $ln(\kappa - \text{bit})$	1 XOR Circuit
Y2B	$2l(n-1)$	—	—	1 XOR Circuit
A2Y	$(n-1)^* + l(n-1)(n+1)$	$(2l+1)(n-1)$	$ln +$ $ln(\kappa - \text{bit})$	1 ADD Circuit 和 1 XOR Circuit
Y2A	$3l(n-1)$	l	l	2 XOR Circuit 和 1 SUB Circuit

表 6-4　P_1 的六类秘密份额转换的通信开销

	$F_{2HCOM \cdot Commit}$	$F_{2HCOM \cdot Open}$	F_{MPC}	Additional Data
A2B	$(n-1)^* + l(n-1)$	$n-1$	1 ADD Circuit	—
B2A	$l(n-1)^*$	—	1 SUB Circuit	—
B2Y	$l(n-1)^* + ln(n-1)$	$2l(n-1)$	—	—
Y2B	$2l(n-1)$	—	—	—
A2Y	$(n-1)^* + l(n-1)(n+1)$	$(2l+1)(n-1)$	1 ADD Circuit	—
Y2A	$2l(n-1)$	—	1 SUB Circuit	—

表 6-5　P_i 的六类秘密份额转换的通信开销

	$F_{2HCOM \cdot Commit}$	$F_{2HCOM \cdot Open}$	F_{MPC}	Additional Data
A2B	$(n-1)^* + l(n-1)$	$n-1$	1 ADD Circuit	—
B2A	$l(n-1)^* + l(n-1)$	l	1 SUB Circuit	—
B2Y	$l(n-1)^* + ln(n-1)$	$2l(n-1)$	—	$ln\kappa$
Y2B	$2l(n-1)$	—	—	—
A2Y	$(n-1)^* + l(n-1)(n+1)$	$(2l+1)(n-1)$	1 ADD Circuit	$ln\kappa$
Y2A	$3l(n-1)$	l	1 SUB Circuit	—

通过分析表 6-2、表 6-3、表 6-4 和表 6-5 中基本函数的调用次数和基本操作的执行次数，可以发现除了 B2Y 秘密份额转换协议和基于 B2Y 秘密份额转换构造的 A2Y 秘密份额转换协议外，A2B、B2A、Y2B 和 Y2A 秘密份额转换协议的计

算和通信开销都与参与方数量呈线性相关。这是因为混淆电路上每条输入线路 w 上的掩码值 λ_w 均是以秘密共享的方式提供给 n 个参与方的,因而需要每个参与方对 n 个参与方输入线路上自己的掩码份额向其他 $n-1$ 个参与方进行承诺。这就导致了在 B2Y 和 A2Y 秘密份额转换协议中,每个参与方都需要执行 $ln(n-1)$ 次操作 $F_{2HCOM \cdot Commit}$。

此外,针对不同参与方数量,本节还分别对所设计的六类秘密份额转换协议的通信开销进行了具体估计,见表 6-6 和表 6-7 所示。其中,计算安全参数 $\kappa=80$,消息长度 $l=64$。表 6-6 和表 6-7 中的数据是根据先前相关工作中的真实数据计算得到的,具体的计算思路和过程如下:根据表 6-4 和表 6-5,六类秘密份额转换协议的通信开销主要依赖于操作 $F_{HCOM \cdot Commit}$,$F_{HCOM \cdot Open}$ 的执行次数,以及函数 F_{MPC} 所评估的电路规模大小。为了估计操作 $F_{HCOM \cdot Commit}$ 和 $F_{HCOM \cdot Open}$ 的通信开销,参考了提供的数据。在该工作中执行操作 $F_{HCOM \cdot Commit}$ 承诺 1 比特数据的通信开销为 40 比特,而执行操作 $F_{HCOM \cdot Open}$ 打开被承诺的 1 比特数据的通信开销为 80 比特。为了估计函数 F_{MPC} 的通信开销,由于 A2B、B2A、A2Y 和 Y2A 秘密份额转换协议需要使用在域 CF(2)下工作的可承诺 MPC 通用协议[35]计算一个 ADD 或者 SUB 电路,因此参考了文献[35]中提供的数据,即 n 个参与方计算一个 AND 门需要调用 OT 协议 $27\log(|F|)n(n-1)$ 次,执行操作 $F_{2HCOM81n(n-1)}$ 次。进一步,基于可得到每次调用 OT 协议的通信开销为 $2(\kappa+l)$ 比特。此外,由于为 A2B 和 A2Y 秘密份额转换协议中需要的 ADD 电路选择了 Bristol Fashion 64 位 ADD 电路[91],并为 B2A 和 Y2A 秘密份额转换协议选择了 Bristol Fashion 64 位 SUB 电路[92],因而这两个电路均包含 63 个 AND 门。基于此,由以上数据可计算得到如表 6-5 和表 6-6 所示的六类秘密份额转换协议在不同参与方数量下通过计算估计得到的通信开销。由所估计的通信开销可知,本章工作所提出的六类秘密份额转换协议的通信开销不大。但由于表 6-5 和表 6-6 中的数据是参考现有已代码实现的相关工作得到的数据,因而当有更高效的针对操作 $F_{HCOM \cdot Commit}$、$F_{HCOM \cdot Open}$,和函数 F_{MPC} 的代码实现工作出现时,这六类秘密份额转换协议的计算和通信开销会进一步降低。

表 6-6 P_1 的六类秘密份额转换协议的通信估计开销

	A2B	B2A	B2Y	Y2B	A2Y	Y2A
1	134.56	134.56	0.04	0.02	134.59	134.57
2	269.12	269.12	0.09	0.03	269.20	269.13

表 6－6(续)

	A2B	B2A	B2Y	Y2B	A2Y	Y2A
3	403.68	403.68	0.16	0.05	403.82	403.70
4	538.24	538.24	0.25	0.06	538.46	538.27
5	672.80	672.80	0.35	0.08	673.11	672.84
6	807.36	807.36	0.47	0.09	807.78	807.84
7	941.92	941.92	0.60	0.11	942.47	941.97

注意：n 表示参与方的数量。表格中所有数字的单位为千字节(KB)。

表 6－7　P_i 的六类秘密份额转换协议的通信估计开销

	A2B	B2A	B2Y	Y2B	A2Y	Y2A
1	134.56	134.58	1.29	0.02	134.84	134.58
2	269.12	269.14	1.97	0.03	271.07	269.15
3	403.68	403.71	2.66	0.05	406.32	403.73
4	538.24	538.28	3.38	0.06	541.58	538.30
5	672.80	672.84	4.10	0.08	676.86	672.88
6	807.36	807.41	4.84	0.09	812.16	807.45
7	941.92	941.98	5.60	0.11	942.47	942.03

注意：n 表示参与方的数量。表格中所有数字的单位为千字节(KB)。

6.6　本章小结

为了解决现有恶意模型下的安全多方计算通用协议在执行复杂计算任务时效率不高的问题，以及现有基于混合协议的安全多方计算协议依赖于随机预言机假设和所支持的秘密份额转换种类较少的问题，本章提出了恶意模型下基于混合协议的安全多方计算通用框架。通过利用多方同态承诺技术，分别构造了6个恶意模型下的秘密份额转换协议，以全面支持现有的三类秘密份额中任意两者之间在恶意模型下的相互转换。并在此基础上，构造了恶意模型下基于混合协议的安全多方计算通用框架。与先前工作相比,此项工作不仅摆脱了先前工作对随机预言机假设依赖,实现了在恶意模型下的安全性,还构造了 6 个秘密份额转换协议,全面解决了恶意模型下三类安全多方计算通用协议之间的相互转化问题。此项工作所涵盖的内容,为实现复杂计算任务的高效安全多方计算提供了理论依据与参考。

第7章　总结与展望

7.1　总　　结

在现实生活中,数据中往往包含大量的隐私或者机密信息,而隐私保护的限制使得许多含有隐私信息的数据无法发挥其应有的作用,隐私保护技术和数据共享之间的矛盾日益凸显。因此,如何在不泄露隐私的情况下,实现密文数据高效共享及多方协同隐私计算,是密码学中亟须解决的重要问题。密文策略属性基加密作为一种公钥加密技术,除了保证数据机密性外,还提供灵活的访问策略并能高效实现一对多的数据加密。然而,现有 CP - ABE 方案在实际应用中针对特定的场景和需求仍面临功能、效率和安全性上的诸多挑战。此外,开展安全多方计算通用协议研究,以解决恶意模型下多方数据的安全合作计算问题,对数据的安全开放与共享具有重要理论意义和实际应用价值。本书主要工作内容总结如下。

(1)针对访问控制策略中通常仅考虑用户属性而忽视对时空要素的约束问题,提出了一种具有时空约束策略的属性基加密方案。利用设计的新型访问树结构,所提方案在访问策略中可同时支持时间范围属性和空间位置属性。通过在算法设计中对时空属性做特殊处理,有效解决了用户因时空位置频繁变化所导致的访问权限变更问题。此外,为降低解密用户的计算负载,在上述基础上进一步提出了具有外包解密功能的扩展方案。在安全性方面,证明了所提方案在随机预言机模型下具有抗选择明文攻击安全。在性能方面,理论分析和实验结果表明了所提方案的可行性和有效性。

(2)针对访问控制系统中存在的用户属性撤销和访问策略更新问题,提出了一种支持属性撤销和策略更新的属性基方案。当用户属性被撤销时,通过更新属性组密钥和重随机化密文数据,实现了对撤销用户访问权限的即时更新。当访问策略需要改变时,利用策略更新密钥对存储数据执行重加密运算,可实现对密文策略的高效更新。所提方案支持多授权机构,适用于分布式环境下用户属性由不同授权机构颁发的场景需求。此外,方案支持大规模属性集特性,允许系统中随时加入新的属性而无须重建。在安全性方面,证明了所提方案在随机预言机模型下具有静态安全。在性能方面,理论分析和实验结果表明所提方案可以有效兼顾功能和效率。

(3)为应对潜在的量子攻击能力对现有大多数属性基加密方案构成的安全威胁,提出了两种基于理想格的多授权机构 CP - ABE 方案,分别支持布尔属性和多值属性。通过为属性授权机构添加虚拟属性,方案支持灵活的门限访问策略。与基于标准格的单比特加密方案相比,所提方案借助于环多项式的系数向量可一次加密 n 比特消息。安全性分析表明,所提方案在标准模型下具有抗选择明文攻击安全,其安全性可归约于理想格上的判定性 R - LWE 困难问题。与相关格基加密方案相比,所提方案具有较优的功能特性,且密钥和密文尺寸与现有方案相当。

(4)提出了恶意模型下基于混合协议的安全两方计算通用框架。首先,利用两方同态承诺技术,设计了一个基于恶意模型的新型密码学工具——可承诺的不经意线性函数评估,实现了 2 个参与方在恶意模型下对任意一元一阶线性函数的安全计算。其次,利用该工具分别构造了 2 个恶意模型下支持两类秘密份额之间相互转换的秘密份额转换协议,并进一步构建了基于混合协议的安全两方计算通用框架。与先前的相关工作相比,此项工作不仅摆脱了先前工作对随机预言机假设的依赖,实现了恶意模型下的安全性,还提供了一个恶意模型下的新型密码学工具,为今后构造恶意模型下不依赖随机预言机假设的其他安全计算协议提供了新思路。

(5)提出了恶意模型下基于混合协议的安全多方计算通用框架。通过利用多方同态承诺技术,分别构造了 6 个恶意模型下的秘密份额转换协议,以全面支持现有的三类秘密份额中任意两者之间在恶意模型下的相互转换。并以此为基础,构造了基于混合协议的安全多方计算通用框架。与先前的相关工作相比,此项工作不仅摆脱了先前工作对随机预言机假设的依赖,实现了在恶意模型下的安全性,还构造了 6 个秘密份额的转换协议,解决了恶意模型下的 3 类安全多方计算通用协议之间的相互转化问题。此项工作所涵盖的内容,为实现复杂计算任务的高效安全多方计算提供了坚实的理论依据与参考。

综上所述,本书针对属性基加密技术从访问策略表达、动态权限管理及抗量子攻击安全方面,分别设计提出了相应的加密方案,并给出严格的安全性证明和性能分析;在安全多方计算技术上,分别构建了恶意模型下基于混合协议的安全两方和多方计算通用框架。上述研究工作为密文数据共享与隐私计算理论提供必要的理论支撑和技术保障,不仅具有重要的理论意义,而且具有实际的应用价值。

7.2 展　　望

本书对密文策略属性基加密和安全多方计算理论相关技术展开了研究,并提出了一些创新性的技术和方案,对于实现密文数据的高效共享和复杂计算任务的安全多方计算具有重要意义。尽管本书工作取得了一定的阶段性成果,但后续仍有一些问题值得深入探索和研究。

(1)在表达属性基加密中的访问策略时,访问树结构可看作关于属性的布尔表达式。当数据拥有者指定访问策略后,属性间的逻辑关系被固定下来。现有方案主要通过策略更新算法来更改密文数据中的访问策略。能否在访问策略中嵌入运行程序使得策略本身可以动态变化,这是一个很有趣的想法,值得在后续工作中去探索和研究。

(2)目前已有的格基属性加密方案虽然能够有效抵御量子计算的攻击,但仅支持最基础的门限访问策略和较为单一的功能。如何设计支持具有更灵活的访问策略和更复杂功能的格基 CP - ABE 方案,将是下一步的研究内容。此外,格基密码底层算法实现是格基加密方案从理论走向实用的重要基石,对格基属性加密方案的应用实现将是未来研究工作的重点。

(3)在本书所提出的基于混合协议的安全多方计算通用框架中,A2Y 秘密份额转换协议的构造是利用 A2B 和 B2Y 两个秘密份额转换协议间接转换得到的,而 Y2A 秘密份额转换协议的构造是利用 Y2B 和 B2A 两个秘密份额转换协议间接转换得到。因此,在不依赖随机预言机假设的情况下,如何实现算术秘密份额和 Yao 秘密份额之间的直接相互转换以进一步降低不必要的开销等问题,都可能成为未来的研究方向。

参考文献

[1] SAHAI A, WATERS B. Fuzzy identity-based encryption[J]. Springer,2005,8:17-38.

[2] GOYAL V,PANDEY O,SAHAI A, et al. Attribute-based encryption for fine-grained access control of encrypted data[J]. IACR Cryptolongy ePrint Archive, 2006,2(1):89-98.

[3] BETHENCOURT J, SAHAI A, WATERS B. Ciphertext-policy attribute-based encryption[C]//IEEE Symposium on Security and Privacy (SP), August 23-25, 2007,Berkeley. New York: IEEE, 2007:321-334.

[4] OSTROVSKY R,SAHAI A,WATERS B. Attribute-based encryption with non-monotonic access structures[J]. IACR Cryptology ePrint Archive, 2007,12(2):195-203.

[5] LAI J,DENG R H, LI Y. Expressive CP-ABE with partially hidden access structures[C]//Acm Symposium on Information. ACM,2012:18.

[6] YANG K, JIA X. Expressive, efficient, and revocable data access control for multi-authority cloud storage[J]. IEEE transactions on parallel and distributed systems, 2014, 25(7):1735-1744.

[7] HAN J, SUSILO W, MU Y, et al. Improving privacy and security in decentralized ciphertext-policy attribute-based encryption[J]. IEEE Transactions on Information Forensics and Security, 2015,10(3):665-678.

[8] HONG J,XUE K,XUE Y, et al. TAFC: Time and attribute factors combined access control for time-sensitive data in public cloud[J]. IEEE Transactions on Services Computing,2017,12(2):15-26.

[9] KHAN F,LI H,ZHANG L,et al. An expressive hidden access policy CP-ABE [C]// IEEE Second International Conference on Data Science in Cyberspace,

August 23 – 25, 2017, Shenzhen: IEEE, 2017:178 – 186.

[10] LI W, WEN Q, LI X, et al. Attribute-based fuzzy identity access control in multicloud computing environments[J]. Soft Computing, 2018, 22(12):4071 – 4082.

[11] LIANG K, FANG L, SUSILO W, et al. A ciphertext-policy attribute-based proxy re-encryption with chosen-ciphertext security[C]//Proceedings of the 5th International Conference on Intelligent Networking and Collaborative Systems (INCoS), August 23 – 25, 2013, Xi'an: IEEE, 2013: 552 – 559.

[12] AGRAWAL S, BOYEN X, VAIKUNTANATHAN V, et al. Functional encryption for threshold functions (or fuzzy ibe) from lattices[C]//Proceedings of the 15th International Workshop on Public Key Cryptography (PKC), August 23 – 25, 2012, Darmstadt: Springer, 2012: 280 – 297.

[13] ZHANG J, ZHANG Z, GE A. Ciphertext policy attribute-based encryption from lattices[C]//Proceedings of the 7th ACM Symposium on Information, Computer and Communications Security (ASIACCS), August 23 – 25, 2012, Seoul: ACM, 2012: 16 – 17.

[14] WANG Y. Lattice ciphertext policy attribute-based encryption in the standard model[J]. International Journal of Network Security, 2014, 16(6):444 – 451.

[15] ZHU W, YU J, WANG T, et al. Efficient attribute-based encryption from R-LWE [J]. Chinese Journal of Electronics, 2014, 23(4):778 – 782.

[16] RAHMAN M S, BASU A, KIYOMOTO S. Decentralized ciphertext-policy attribute-based encryption from learning with errors over rings[C]//Trustcom BigDataSE/ISPA, August 23 – 25, 2016, Tianjin: IEEE, 2016:1759 – 1764.

[17] CHEN Z, ZHANG P, ZHANG F, et al. Ciphertext policy attribute-based encryption supporting unbounded attribute space from R-LWE [J]. KSII Transactions on Internet and Information Systems, 2017, 11(4): 2292 – 2309.

[18] BEIMEL A. Secure schemes for secret sharing and key distribution[D]. Haifa: Technion-Israel Institute of technology, 1996.

[19] WATERS B. Ciphertext-policy attribute-based encryption: An expressive, efficient, and provably secure realization [C]//Proceedings of the 14th International Workshop on Public Key Cryptography (PKC), August 11 – 25, 2010,

Taormina: Springer,2011:53 –70.

[20] LI H,YU K,LIU B,et al. An efficient ciphertext-policy weighted attribute-based encryption for the internet of health things [J]. IEEE Journal of Biomedical and Health Informatics,2021,26(5):1949 –1960.

[21] YAO A C C. Protocols for secure computations[C]//Proceedings of the 23rd Annual Symposium on Foundations of Computer Science, December 28 – 30, 1982,Chicago:IEEE, 1982:160 –164.

[22] 蒋瀚,徐秋亮. 实用安全多方计算协议关键技术研究进展[J]. 计算机研究与发展, 2015, 52(10):2247 –2257.

[23] GOLDREICH O,MICALI S,WIGDERSON A. How to play any mental game [C]//Proceedings of the 19th Annual ACM Symposium on Theory of Computing,December 28 –30,1982,New York: ACM, 1987: 218 –229.

[24] YAO A C C. How to generate and exchange secrets[C]//Proceedings of the 27th Annual Symposium on Foundations of Computer Science,December 28 – 30,1982,Toronto:IEEE, 1986:162 –167.

[25] HUANG Y,KATZ J,KOLESNIKOV V,et al. Amortizing garbled circuits[C]//Advances in Cryptology-CRYPTO ,December 28 –30,2014,Santa: Springer, 2014:458 –475.

[26] WANG X, MALOZEMOFF A J, KATZ J. Faster secure two-party computation in the single-execution setting[C]//Advances in Cryptology-EUROCRYPT, December 12 –23,2017,Paris: Springer, 2017:399 –424.

[27] KOLESNIKOV V,NIELSEN J B,ROSULEK M,et al. Duplo:Unifying cut-and-choose for garbled circuits [C]//Proceedings of the 2017 ACM SIGSAC Conference on Computer and Communications Security, December 23 – 25, 2017,Dallas:ACM,2017:3 –20.

[28] ZHU R, HUANG Y. JIMU: faster lego-based secure computation using additive homomorphic hashes[C]//Advances in Cryptology-ASIACRYPT, December 23 – 25,2017, Hong Kong: Springer, 2017: 529 –572.

[29] NIELSEN J B, NORDHOLT P S, ORLANDI C, et al. A new approach to practical active-secure two-party computation [C]//Advances in Cryptology-

CRYPTO ,August 23 – 25, 2012, Santa Barbara: Springer, 2012: 681 – 700.

[30] WANG X, RANELLUCCI S, KATZ J. Global-scale secure multiparty computation [C]//Proceedings of the 2017 ACM SIGSAC Conference on Computer and Communications Security, August 23 – 25, 2016, Dallas: ACM, 2017: 39 – 56.

[31] BEN-EFRAIM A, NIELSEN M, OMRI E. Turbospeedz: Double your online SPDZ! improving SPDZ using function dependent preprocessing [C]// Proceedings of the 17th International Conference on Applied Cryptography and Network Security, August 23 – 25, 2015, Bogota: Springer, 2019: 530 – 549.

[32] KELLER M. MP-SPDZ: A versatile framework for multi-party computation [C]// Proceedings of the 2020 ACM SIGSAC Conference on Computer and Communications Security, August 23 – 25, 2020, Virtual Event: ACM, 2020: 1575 – 1590.

[33] DAMGARD I, ORLANDI C. Multiparty computation for dishonest majority: From passive to active security at low cost [C]//Advances in Cryptology-CRYPTO ,December 23 – 25, 2010, Santa Barbara: Springer, 2010: 558 – 576.

[34] FREDERIKSEN T K, PINKAS B, YANAI A. Committed mpc-maliciously secure multiparty computation from homomorphic commitments[C]//Public-Key Cryptography-PKC ,December 23 – 25, 2017, Brazil: Springer, 2018: 587 – 619.

[35] MOHASSEL P, ROSULEK M, ZHANG Y. Fast and secure three-party computation: The garbled circuit approach[C]//Proceedings of the 2015 ACM SIGSAC Conference on Computer and Communications Security, December 23 – 25, 2015, Denver: ACM, 2015: 591 – 602.

[36] CHANDRAN N, GARAY J A, MOHASSEL P, et al. Efficient, constant-round and actively secure mpc: Beyond the three-party case[C]//Proceedings of the 2017 ACM SIGSAC Conference on Computer and Communications Security, December 23 – 25, 2017, Dallas: ACM, 2017: 277 – 294.

[37] KOLESNIKOV V, SADEGHI A, SCHNEIDER T. From dust to dawn: Practically efficient two-party secure function evaluation protocols and their modular design [J]. IACR Cryptology ePrint Archive, 2010, 12(2): 14 – 20.

[38] HENECKA W, KÖGL S, SADEGHI A R, et al. TASTY: Tool for automating secure two-party computations [C]//Proceedings of the 2010 ACM SIGSAC Conference on Computer and Communications Security, December 23 - 25, 2010, New York: ACM, 2010: 451 - 462.

[39] KERSCHBAUM F, SCHNEIDER T, SCHRÖPFER A. Automatic protocol selection in secure two-party computations [C]//Proceedings of the 12th International Conference on Applied Cryptography and Network Security, December 23 - 25, 2014, Lausanne: Springer, 2014: 566 - 584.

[40] DEMMLER D, SCHNEIDER T, ZOHNER M. ABY-A framework for efficient mixed-protocol secure two-party computation [C]//Proceedings of the 22nd Annual Network and Distributed System Security Symposium, December 23 - 25, 2015, San Diego: Internet Society, 2015.

[41] RIAZI M S, WEINERT C, TKACHENKO O, et al. Chameleon: A hybrid secure computation framework for machine learning applications [C]// Proceedings of the 2018 Asia Conference on Computer and Communications Security, December 23 - 25, 2017, Incheon: ACM, 2018: 707 - 721.

[42] GILAD-BACHRACH R, DOWLIN N, LAINE K, et al. Cryptonets: Applying neural networks to encrypted data with high throughput and accuracy [C]// Proceedings of the 33rd International Conference on Machine Learning, December 23 - 25, 2016, New York: JMLR. org, 2016: 201 - 210.

[43] MOHASSEL P, RINDAL P. ABY3: A mixed protocol framework for machine learning [C]//Proceedings of the 2018 ACM SIGSAC Conference on Computer and Communications Security, August 23 - 25, 2016, Toronto: ACM, 2018: 35 - 52.

[44] BYALI M, CHAUDHARI H, PATRA A, et al. Flash: Fast and robust framework for privacy-preserving machine learning [J]. Proceedings on Privacy Enhancing Technologies, 2020, 2:459 - 480.

[45] CHAUDHARI H, RACHURI R, SURESH A. Trident: Efficient 4pc framework for privacy preserving machine learning [C]//Proceedings of the 27th Annual Network and Distributed System Security Symposium, August 23 - 25, 2016, San

Diego: Internet Society, 2020.

[46] GORDON S D, RANELLUCCI S, WANG X. Secure computation with low communication from cross-checking [C]//PEYRIN T, GALBRAITH S D. Advances in Cryptology-ASIACRYPT 2018: volume 11274, August 23 – 25, 2016, Brisbane: Springer, 2018: 59 – 85.

[47] DAMGARD I, ESCUDERO D, FREDERIKSEN T, et al. New primitives for actively-secure mpc over rings with applications to private machine learning [C]//2019 IEEE Symposium on Security and Privacy, August 23 – 25, 2019, San Francisco: IEEE, 2019: 1102 – 1120.

[48] ROTARU D, WOOD T. Marbled circuits: Mixing arithmetic and boolean circuits with active security [C]//Proceedings of the 20th International Conference on Cryptology in India, December 23 – 25, 2019, Hyderabad: Springer, 2019: 227 – 249.

[49] WANG Z, HUANG D, ZHU Y, et al. Efficient attribute-based comparable data access control[J]. IEEE Transactions on Computers, 2015, 64(12): 3430 – 3443.

[50] ZHU Y, HU H, AHN G-J, et al. Comparison-based encryption for fine-grained access control in clouds[C] //Proceedings of the 2nd ACM Conference on Data and Application Security and Privacy (CODASPY), December 23 – 25, 2016, San Antonio: ACM, 2012: 105 – 116.

[51] ROUSELAKIS Y, WATERS B. Efficient statically-secure large-universe multi-authority attribute-based encryption[C] //Proceedings of the 19th International Conference on Financial Cryptography and Data Security (FC), December 23 – 25, 2015, San Juan: Springer, 2015: 315 – 332.

[52] YANG K, JIA X, REN K. Attribute-based fine-grained access control with efficient revocation in cloud storage systems[C] //Proceedings of the 8th ACM Symposium on Information, Computer and Communications Security (ASIACCS), December 28 – 30, 2013, Hangzhou: ACM, 2013: 523 – 528.

[53] YANG K, JIA X. Attributed-based access control for multi-authority systems in cloud storage [C]//Proceedings of the 32nd International Conference on Distributed Computing Systems (ICDCS), December 28 – 30, 2010, Macau:

IEEE, 2012: 536 - 545.

[54] YANG K, JIA X, REN K, et al. DAC-MACS: Effective data access control for multiauthority cloud storage systems[J]. IEEE Transactions on Information Forensics and Security, 2013, 8(11): 1790 - 1801.

[55] LI Q, MA J, LI R, et al. Secure, efficient and revocable multi-authority access control system in cloud storage[J]. Computers and Security, 2016, 59: 45 - 59.

[56] YANG K, JIA X, REN K. Secure and verifiable policy update outsourcing for big data access control in the cloud[J]. IEEE Transactions on Parallel and Distributed Systems, 2015, 26(12): 3461 - 3470.

[57] LYUBASHEVSKY V, PEIKERT C, REGEV O. On ideal lattices and learning with errors over rings[C]//Proceedings of the 29th Annual International Conference on the Theory and Applications of Cryptographic Techniques (EUROCRYPT), December 23 - 25, 2010, Riviera: Springer, 2010: 1 - 23.

[58] STEHLE D, STEINFELD R, TANAKA K, et al. Efficient public key encryption based on ideal lattices[C]//Proceedings of the 15th International Conference on the Theory and Application of Cryptology and Information Security (ASIACRYPT), December 28 - 30, 2016, Tokyo: Springer, 2009: 617 - 635.

[59] GENTRY C, PEIKERT C, VAIKUNTANATHAN V. Trapdoors for hard lattices and new cryptographic constructions[C]//Proceedings of the 40th Annual ACM Symposium on Theory of Computing (STOC), August 23 - 25, 2008, Victoria: ACM, 2008: 197 - 206.

[60] AGRAWAL S, BONEH D, BOYEN X. Efficient lattice (H) IBE in the standard model[C]//Proceedings of the 29th Annual International Conference on the Theory and Applications of Cryptographic Techniques (EUROCRYPT), August 23 - 25, 2010, Riviera: Springer, 2010: 553 - 572.

[61] ZHANG G, QIN J, QAZI S. Multi-authority attribute-based encryption scheme from lattices[J]. Journal of Universal Computer Science, 2015, 21(3): 483 - 501.

[62] FREDERIKSEN T K, JAKOBSEN T P, NIELSEN J B, et al. On the complexity of additively homomorphic uc commitments[C]//Proceedings of the 13th Theory of Cryptography Conference, August 23 - 25, 2016, Tel Aviv:

Springer, 2016: 542 – 565.

[63] NAOR M, PINKAS B. Oblivious polynomial evaluation[J]. SIAM Journal on Computing, 2006, 35(5):1254 – 1281.

[64] CRÉPEAU C, VAN DE GRAAF J, TAPP A. Committed oblivious transfer and private multi-party computation[C]//Advances in Cryptology — CRYPTO' 95, August 23 – 25, 2016, Santa Barbara: Springer, 1995: 110 – 123.

[65] AGRAWAL S, MAITRA M, YAMADA S. Attribute based encryption (and more) for nondeterministic finite automata from LWE[C]//Annual International Cryptology Conference (CRYPTO), August 28 – 30, 2018, Santa Barbara: Springer, 2019: 765 – 797.

[66] DATTA P, KOMARGODSKI I, WATERS B. Decentralized multi-authority ABE for DNFs from LWE[C]//Annual international conference on the theory and applications of cryptographic techniques (EUROCRYPT), August 23 – 25, 2018, Santa Barbara: Springer, 2021: 177 – 209.